한 달 30만원으로 만드는
365일 집밥 레시피

유누맘 **황보경** 지음

길벗

한 달 30만원으로 만드는
365일 집밥 레시피

초판 발행 · 2025년 11월 26일
초판 2쇄 발행 · 2026년 1월 5일

지은이 · 황보경(유누맘)
발행인 · 이종원
발행처 · (주)도서출판 길벗
출판사 등록일 · 1990년 12월 24일
주소 · 서울시 마포구 월드컵로 10길 56(서교동)
대표전화 · 02)332-0931 | **팩스** · 02)323-0586
홈페이지 · www.gilbut.co.kr | **이메일** · gilbut@gilbut.co.kr

편집 팀장 · 민보람 | **기획 및 책임편집** · 서랑례(rangrye@gilbut.co.kr) | **제작** · 이준호, 손일순
영업마케팅 · 정경원, 김진영, 박민주, 류효정 | **유통혁신** · 한준희 | **영업관리** · 김명자 | **독자지원** · 윤정아

디자인 · 박찬진 | **교정교열** · 추지영
CTP 출력 · **인쇄** · **제본** · 상지사피앤비

· 이 책은 저작권법의 보호를 받는 저작물로 이 책에 실린 모든 내용, 디자인, 이미지, 편집 구성은 허락 없이 복제하거나 다른 매체에 옮겨 실을 수 없습니다.
· 인공지능(AI) 기술 또는 시스템을 훈련하기 위해 이 책의 전체 내용은 물론 일부 문장도 사용하는 것을 금지합니다.
· 잘못 만든 책은 구입한 서점에서 바꿔 드립니다.

ⓒ 황보경

ISBN 979-11-407-1652-4(13590)
(길벗 도서번호 020268)

정가 25,000원

독자의 1초까지 아껴주는 정성 길벗출판사

(주)도서출판 길벗 | IT교육서, IT단행본, 경제경영서, 어학&실용서, 인문교양서, 자녀교육서 www.gilbut.co.kr
길벗스쿨 | 국어학습, 수학학습, 어린이교양, 주니어 어학학습, 학습단행본 www.gilbutschool.co.kr

독자의 1초를 아껴주는 정성!
세상이 아무리 바쁘게 돌아가더라도
책까지 아무렇게나 빨리 만들 수는 없습니다.

인스턴트 식품 같은 책보다는
오래 익힌 술이나 장맛이 밴 책을 만들고 싶습니다.

땀 흘리며 일하는 당신을 위해
한 권 한 권 마음을 다해 만들겠습니다.

마지막 페이지에서 만날 새로운 당신을 위해
더 나은 길을 준비하겠습니다.

독자의 1초를 아껴주는 정성을 만나보십시오.

다양한 식재료를 여러 가지 방법으로 요리하고
이제는 내 아이와 함께 먹으면서
집밥의 소중함이 더 깊이 다가왔습니다

○ 외벌이로 시작한 결혼 초기, 정해진 수입에 내가 할 수 있는 게 많지 않았어요. 남편의 부담을 조금이라도 덜어주고 싶어서 가계부를 써가며 생활비를 아꼈는데, 식비는 노력 여하에 따라 아주 많이 달라지더군요.

● 남편이 회사에 간 동안 장을 봐서 요리했는데, 특히 수요일과 토요일에 열리는 요일장에서 식재료를 저렴하게 사는 게 큰 즐거움이었어요. 제철 식재료 위주로 판매하는 요일장이다 보니 어떤 식재료가 언제쯤 나오고 시기마다 금액이 어떻게 달라지는지를 많이 배웠어요. 요일장에서 사지 못하는 건 여러 마트를 다니면서 비교하다 보니 어떤 재료를 어느 곳에서 사는 게 합리적인지도 자연스럽게 알게 되었어요.

○ 정말 한 달에 한두 번 외식을 할까 말까 할 정도로 집에서 열심히 요리했는데, '실컷 배불리 먹고도 식비가 이렇게 줄 수 있구나!'를 깨닫게 되니 집밥이 더 재미있어지더군요. 한번 맛을 들이고 나니 맞벌이로 함께 일하면서도 집밥은 스트레스를 받거나 힘든 일이라기보다 당연히 해야 하는 일로 생각하게 되었어요.

● '어떻게 하면 재료를 낭비하지 않고 다양하게 먹을 수 있을까?', '어떻게 하면 조금 더 효율적으로 집밥을 만들 수 있을까?'를 고민하다 구매한 게 냉장고 지도였어요. 냉장고 지도를 냉장고 문에 붙여두고 남은 재료를 적으면서 필요한 재료만 추가로 사니 식재료를 버리는 일이 눈에 띄게 줄어들더군요. 게다가 미리 식단을 정해두니 특별한 일이 생기지 않는 한 집밥을 해 먹는 게 당연하다고 여기게 되었어요. 이게 식단표 생활의 첫 시작이었습니다.

○ 아이가 태어난 이후로는 아이가 먹을 밥을 해주고 남은 재료를 버리지 않고 잘 활용하려면 조금 더 촘촘한 계획이 필요했어요. 이때부터 아이 이유식과 유아식 스케줄을 작성하던 형태에 어른들이 먹는 메뉴를 더해 표시했어요. 아이가 점점 커가면서 지금은 세 가족을 위한 일주일 식단을 짜고 있어요.

● 친구들을 집에 초대해서 요리해주었을 때의 반응도 그냥 예의상이구나 싶었고, 주변 사람들이 이유식과 유아식을 만들 때 도와주는 정도였어요. 그런데 몇몇 친구들이 식단표와 레시피를 나눠보는 게 어떻겠냐고 이야기하더군요. 블로그로 시작했다가 인스타그램으로 옮겨 식단표 나눔을 했는데, 기대보다 훨씬 많은 분들이 찾아주셔서 요리책 출간 제의도 받게 되었습니다.

○ 9년 동안 다양한 식재료를 여러 가지 방법으로 요리하고, 이제는 내 아이와 함께 먹으면서 집밥의 소중함이 더 깊이 다가왔습니다. 저녁 식사 한 끼를 준비하는 건 내 가족을 위해 건강한 음식을 요리하는 것뿐만 아니라, 가장 편안한 공간인 우리 집에서 온 가족이 둘러앉아 하루를 마무리하는 것, 그리고 우리 가족에게 건강한 식습관을 길러주는 것이에요.

● 무엇보다 아이가 골고루 잘 먹으면 뿌듯함을 느낍니다. 특별히 챙기는 영양제 없이도 잔병 없이 건강하게 자라는 걸 보면서 건강한 음식을 잘 먹는 게 얼마나 중요한지 늘 깨닫고 있습니다. 여러분 모두 저와 함께 365일 걱정 없는 집밥 생활, 함께 시작해보면 어떨까요?

Special Thanks to

내가 만든 요리를 늘 맛있게 먹어주는 가족들, 혼자 보기 아까우니 꼭 나눔을 해보라고 등 떠밀어준 친구들, 그리고 내가 성장할 수 있었던 원동력, 늘 따뜻한 시선으로 나를 바라봐 주시는 인스타그램 팔로워들께 감사한 마음을 꼭 전하고 싶습니다.

일러두기

INTRO

요리하기 전에 알아두면 좋은 집밥 노하우와 꼭 구비해 두는 식재료와 양념, 자주 쓰는 도구를 소개합니다. 또한 식단표 잘 짜는 법, 식비 절약 비법, 자주 받는 질문 등도 함께 실었습니다.

사계절 집밥 식단표

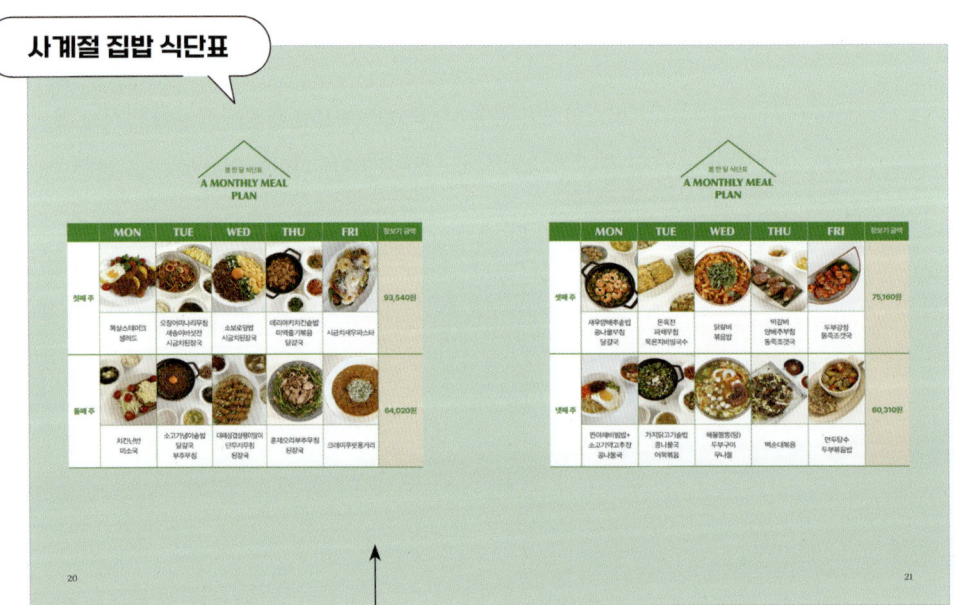

봄, 여름, 가을, 겨울 계절별 한 달 식단표를 소개합니다. 매일 저녁 무엇을 먹을지 고민이라면 식단표 페이지를 펼쳐보세요.

주별 식단 & 장바구니 목록

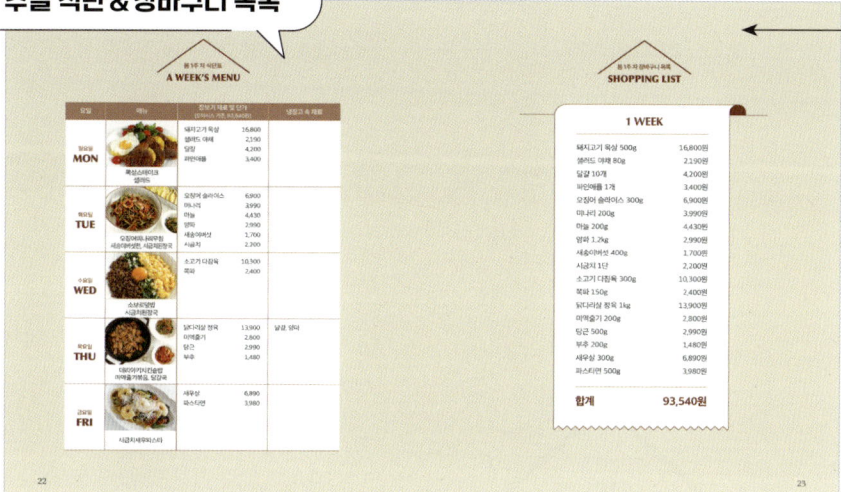

각 주별 집밥 식단표를 한 번에 보여줍니다. 바로 옆에는 집밥을 만들 때 필요한 장보기 재료와 분량, 가격까지 영수증 형태로 정리해두었습니다.

일주일 집밥을 책임지는 레시피

식단표에 소개한 일주일 집밥을 책임지는 다양한 메뉴의 레시피를 공개합니다. 각 레시피에 필요한 재료와 양념은 따로 정리했고, 누구나 쉽게 따라 할 수 있도록 요리 과정을 사진으로 세심하게 보여줍니다.

✦ 책을 시작하기 전에 ✦

1. 책에 소개된 레시피와 식단은 유누맘 인스타그램 채널에 배포된 내용을 기준으로 책의 특성에 맞게 정리, 수정한 것입니다.
2. 레시피의 양념 용량은 계량스푼 기준으로 1T=15㎖, 1t=5㎖입니다. 장바구니 목록의 가격은 '오아시스 마켓'을 기준으로 적어두었습니다. 식재료 가격은 시기와 장소에 따라 유동적이고 절대적인 가격이 아니라는 점을 염두에 두시기 바랍니다.
3. 솥밥을 지을 때 쌀의 분량은 250㎖ 계량컵을 꽉 채운 기준이며 대략 225g입니다.
4. 식단표의 메뉴에 함께 곁들이는 반찬과 국은 맨 뒤에 따로 실어두었습니다.

CONTENTS

- 4 작가의 말
- 6 일러두기
- 12 꼭 구비해두는 식재료
- 13 꼭 구비해두는 양념
- 14 자주 쓰는 도구
- 15 식비 줄이는 노하우
- 16 식단표 잘 짜는 방법
- 17 자주 받는 질문

봄 SPRING

- 20 **봄 한 달 식단표**
- 22 **봄 1주 차 식단표**
- 23 **봄 1주 차 장바구니 목록**
- 24 목살스테이크
- 26 오징어미나리무침
- 28 소보로덮밥
- 30 데리야키치킨솥밥
- 32 시금치새우파스타

- 34 **봄 2주 차 식단표**
- 35 **봄 2주 차 장바구니 목록**
- 36 치킨난반
- 38 소고기냉이솥밥
- 40 대패삼겹살팽이버섯말이
- 42 훈제오리부추무침
- 44 크래미푸팟퐁커리

- 46 **봄 3주 차 식단표**
- 47 **봄 3주 차 장바구니 목록**
- 48 새우양배추솥밥
- 50 돈육전
- 52 닭갈비
- 54 떡갈비
- 56 두부강정

- 58 **봄 4주 차 식단표**
- 59 **봄 4주 차 장바구니 목록**
- 60 찐야채비빔밥+소고기약고추장
- 62 가지닭고기솥밥
- 64 해물짬뽕(탕)
- 66 백순대볶음
- 68 만두탕수

여름 SUMMER

- 72 **여름 한 달 식단표**
- 74 **여름 1주 차 식단표**
- 75 **여름 1주 차 장바구니 목록**
- 76 경상도식 소고기뭇국
- 78 새우마요
- 80 집코바치킨
- 82 콩나물부추솥밥
- 84 돼지간장불고기

- 86 **여름 2주 차 식단표**
- 87 **여름 2주 차 장바구니 목록**
- 88 마파두부
- 90 차돌박이된장찌개(된장술밥)
- 92 명란감자솥밥
- 94 소불고기볶음우동
- 96 오리주물럭

- 98 **여름 3주 차 식단표**
- 99 **여름 3주 차 장바구니 목록**
- 100 훈제오리들깨볶음
- 102 초당옥수수솥밥
- 104 소고기가지롤
- 106 두부동그랑땡
- 108 양배추쌈+참치쌈장

- 110 **여름 4주 차 식단표**
- 111 **여름 4주 차 장바구니 목록**
- 112 새우크림카레
- 114 소고기된장전골
- 116 들기름묵은지지짐+두부
- 118 닭고기누룽지탕
- 120 전복솥밥

가을 AUTUMN

- 124 **가을 한 달 식단표**
- 126 **가을 1주 차 식단표**
- 127 **가을 1주 차 장바구니 목록**
- 128 국물삼치찜
- 130 스테이크솥밥
- 132 제육볶음
- 134 연두부애호박덮밥
- 136 닭칼국수

- 138 **가을 2주 차 식단표**
- 139 **가을 2주 차 장바구니 목록**
- 140 콩나물불고기
- 142 치킨마크니

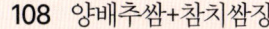

144 파개장
146 버섯무들깨솥밥
148 오징어비빔국수

150 **가을 3주 차 식단표**
151 **가을 3주 차 장바구니 목록**
152 고등어덮밥
154 닭고기전골
156 마늘수육
158 새우미역솥밥
160 우삼겹숙주볶음

162 **가을 4주 차 식단표**
163 **가을 4주 차 장바구니 목록**
164 소고기콩나물솥밥
166 묵은지닭볶음탕
168 부타동
170 명란오일파스타
172 참치김치찌개

겨울 WINTER

176 **겨울 한 달 식단표**
178 **겨울 1주 차 식단표**
179 **겨울 1주 차 장바구니 목록**
180 가리비미역국
182 간장마늘치킨
184 가리비파스타
186 목살꽈리고추조림
188 소고기우엉솥밥

190 **겨울 2주 차 식단표**
191 **겨울 2주 차 장바구니 목록**
192 꼬막비빔밥
194 오리로스
196 소고기감자덮밥
198 참치미역솥밥
200 떡만둣국+소고기꾸미

202 **겨울 3주 차 식단표**
203 **겨울 3주 차 장바구니 목록**
204 두부참치짜글이
206 옥수수불고기솥밥
208 해물탕
210 맥적구이
212 잡채

214 **겨울 4주 차 식단표**
215 **겨울 4주 차 장바구니 목록**
216 목살찹스테이크덮밥
218 훈제오리솥밥

220 연어솥밥
222 차돌박이깻잎파스타
224 새우완자탕

곁들임 반찬 & 국
SIDE DISH

곁들임 반찬

228 감자볶음
229 감자조림
230 국물달걀찜
231 느타리버섯구이
232 단무지무침
233 달걀말이
234 대파닭구이
235 두부볶음밥
236 마늘볶음밥
237 마늘종무침
238 메추리알장조림
239 무나물
240 묵은지(간장)비빔국수
241 미역줄기볶음
242 부추무침
243 새송이버섯볶음
244 새송이버섯전

245 소시지볶음
246 시금치나물
247 애호박들깨볶음
248 애호박전
249 양배추부침
250 어묵볶음
251 연근조림
252 오이무침
253 오이절임
254 콩나물무침
255 표고버섯볶음

국

256 달걀국
257 동죽조갯국
258 된장국
259 두부달걀국
260 들깨뭇국
261 들깨미역국
262 미소된장국
263 부추달걀국
264 소고기미역국
265 시금치된장국
266 애호박새우젓국
267 애호박순두붓국
268 어묵탕
269 오이냉국
270 콩나물국

꼭 구비해두는 **식재료**

◆ **마늘**
마늘은 집밥에 빠질 수 없는 재료예요. 솥밥을 할 때 넣기도 하고, 고기를 구울 때 마늘 기름을 내기도 합니다. 주로 깐 마늘을 사서 냉장고에 보관하는 편이에요. 바닥에 설탕을 얇게 깔고 키친타올을 그 위에 올려 진공용기에 보관하면 오래도록 신선하게 먹을 수 있어요.

◆ **대파**
파 기름을 내거나 조림과 볶음 요리에 맛을 더하기도 하고, 국물 요리에 마지막으로 올리기도 합니다. 파는 씻지 않고 흙을 털어내고 뿌리 부분만 자른 후, 잘린 단면의 수분을 제거해주고 보관하면 2~3주는 거뜬합니다.

◆ **양파**
양파도 여기저기 쓰임이 많은 재료예요. 무른 양파부터 사용하고, 함께 두면 다른 양파가 금방 상해버리니 꼭 분리해주세요. 키친타월로 감싸 냉장고 채소칸에 보관합니다.

◆ **당근**
당근도 한번 사두면 오랫동안 보관이 가능해요. 흙당근은 그대로 신문지에 싸서 서늘한 곳에 보관하거나, 물에 씻어 물기를 제거하고 랩에 싸서 채소칸에 넣어두면 오래 두고 먹을 수 있어요. 볶음밥이나 아이용 당근은 잘게 썰어 냉동 보관하면 편리합니다.

◆ **달걀**
달걀은 호불호 없이 단백질을 채워주는 최고의 재료입니다. 특히 어른들이 매운 요리를 먹을 때 아이에게는 달걀 요리를 해주거나, 간단히 국이나 찜으로 만들어 반찬으로 내놓기에도 좋아서 일주일에 최소 10개씩 삽니다. 다만 달걀은 대량으로 사기보다 조금씩 사서 신선할 때 먹는 걸 선호합니다.

◆ **해산물**(새우, 관자, 명란 등)
장을 볼 때 품질과 가격 편차가 가장 큰 식재료가 해산물이에요. 그래서 품질 좋은 해산물을 급속 냉동해서 판매하는 곳에서 미리 넉넉히 사서 냉동실에 넣어두고 조금씩 꺼내 씁니다. 남은 재료를 활용해서 볶음밥이나 파스타 등을 해 먹기도 좋아요.

◆ **생선**(고등어, 삼치, 가자미, 임연수어 등)
손질 생선은 늘 냉동실에 구비해두는데, 생선으로만 섭취할 수 있는 영양소가 있어서 특히 성장기인 아이에게 일주일에 두 번 정도 챙겨주고 있어요. 식단표를 따로 짜지 않는 주말에 생선 솥밥이나 생선구이를 해 먹는 경우도 많습니다. 그리고 어른들이 매운 음식을 먹을 때는 아이에게 가볍게 조리 가능한 생선 요리를 자주 해줍니다.

꼭 구비해두는 양념

● **소금**

용도에 따라 굵은 소금, 가는 소금을 달리 사용합니다. 구운 고기 등을 찍어 먹거나 채소를 절일 땐 주로 굵은 말돈 소금을 사용하고, 그라인더에 갈아 쓰는 가는 소금은 히말라야 핑크 솔트를 사용합니다.

● **알룰로스**

아이와 함께 먹는 요리 대부분은 설탕 대신 알룰로스를 사용합니다. 알룰로스는 설탕과 비슷한 맛을 내면서 건강에도 좋습니다.

● **집된장**

한식을 좋아하는 집에 필수인 된장. 대체로 시판 된장보다 짠맛은 강하지만 특유의 감칠맛을 내는 집된장을 찌개, 수육 등의 요리에 사용합니다. 시판 된장으로는 한국맥꾸름의 맥된장을 추천합니다.

● **진간장, 국간장, 백간장**

조림, 볶음 등에는 진간장, 국물 요리에는 국간장, 은은한 감칠맛을 낼 때는 백간장을 사용합니다. 특히 맑은 국을 끓일 때 백간장이 감칠맛도 좋아서 즐겨 사용합니다.

● **쯔유**

일본식 요리를 할 때, 특히 솥밥을 할 때는 항상 쯔유를 사용합니다. 간단하게 우동을 끓이거나 달걀국에 넣어도 맛있습니다.

● **가루육수**

채소육수, 해물육수 2가지를 구비해두고 용도에 따라 사용합니다. 깔끔한 감칠맛을 원할 땐 채소육수를 사용하고, 국물 요리를 할 땐 주로 해물 육수를 사용합니다.

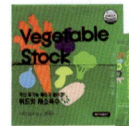 

● **멸치액젓, 참치액, 꽃게액젓**

다른 조미료를 쓰지 않고 액젓으로 감칠맛을 냅니다. 부추무침, 파채무침 등의 무침류는 주로 멸치액젓을 사용하고, 찌개, 조림, 볶음 등에는 참치액, 나물에는 주로 꽃게액젓을 사용합니다.

자주 쓰는 도구

■ 솥(솥밥용)

식단표에는 일주일에 한 번은 꼭 솥밥을 넣는데, 실제로 냄비솥으로 밥을 해 먹어요. 밥맛이 훨씬 좋기도 하고 익숙해지면 전기밥솥에 비해 관리의 불편함도 없어요. 쌀밥을 지어 냉동해두기도 하고, 고명 얹은 솥밥도 자주 해 먹는 우리 집 필수 도구입니다.

■ 손잡이 달린 스테인리스 멀티볼과 밧드

요리하다 보면 내 방식에 맞춰 조리도구를 하나씩 바꾸게 되는데 지금 정착한 2가지가 스테인리스 멀티볼과 밧드입니다. 손잡이가 있는 멀티볼은 기본 재료를 썰어 담아두었다 한 번에 팬이나 냄비로 옮길 때 편리합니다. 고기를 재우고, 해산물을 해동하고, 나물이나 반죽을 하기에도 너무 편합니다. 사각 밧드는 동그랑땡, 완자, 떡갈비 등 모양을 잡아야 하는 경우나 여러 가지 재료를 미리 준비해놓고 순서대로 넣어야 할 때 처음부터 분류하기 좋습니다.

■ 계량컵과 계량스푼

요리의 맛과 간이 큰 편차 없이 유지되려면 계량컵과 계량스푼은 필수입니다.

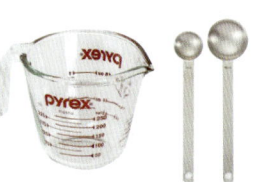

■ 진공 용기

식재료를 진공 용기에 넣어두면 좀 더 신선하게 오래 보관할 수 있어요. 다양한 크기의 용기를 사 두면 재료에 따라 공간의 낭비 없이 넣어서 정리할 수 있습니다.

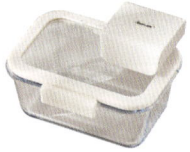

■ 나무 도마, 스테인리스 도마

항균 효과가 있는 나무 도마를 사용합니다. 자주 요리하다 보니 칼질을 할 때마다 손목에 부담이 느껴져서 충격을 잘 흡수해주는 튼튼한 나무 도마를 주로 사용하고, 생선이나 고기 등을 손질할 때는 냄새가 배지 않아 위생적인 스테인리스 도마를 별도로 사용합니다.

■ 통 5중 스테인리스 냄비

같은 레시피로 요리해도 사람마다 다른 맛이 나는 데는 불조절과 사용하는 냄비나 팬에서 차이가 난다고 생각합니다. 요리를 처음 시작했을 때 사용했던 얇은 냄비로는 원하는 맛이 나지 않는다는 것을 깨닫고, 서서히 냄비와 팬을 바꿔 나갔고, 현재는 통 5중으로 된 열전도율 좋은 냄비와 팬으로 요리하고 있습니다.

■ 조리도구(에바솔로)

매일 요리를 하고, 특히 아이를 낳고 요리를 하니 손목에 무리가 가는 게 느껴졌어요. 그래서 손목에 부담을 주지 않을 만큼 가운데는 단단하고 끝부분은 탄성 있는 제품을 찾아 사용하고 있습니다.

식비 줄이는 노하우

1단계 외식 줄이기, 식단표 만들기

식비를 절약하는 데 가장 큰 역할을 하는 건 당연히 외식을 줄이는 거예요. 그런데 외식을 의도적으로 줄이다 보니 먹는 걸 좋아하는 남편은 자꾸만 자극적인 외부 음식을 찾더군요. 그래서 갑작스런 외식을 방지하고자 남편이 먹고 싶어 하는 음식을 일주일에 적어도 2가지 정도는 식단표에 넣어 장을 보고, 그 외의 식단은 남은 식재료를 잘 소진할 수 있는 메뉴들로 구성했습니다. 혼자가 아닌 부부나 가족 단위로 식단표를 짤 때는 서로가 원하는 메뉴를 물어보고 한두 가지 정도는 식단표에 꼭 포함해주세요. 그게 외식을 줄이는 큰 팁입니다.

2단계 냉파데이로 식재료 잘 소진하기

처음에는 다양한 식재료를 쓰면서 버리는 것 없이 잘 소진하기가 너무 어려웠어요. 어떤 때는 버리는 게 더 많다는 생각이 들기도 했어요. 그래서 생각해낸 방법은 주말 식단은 따로 계획하지 않고 남은 식재료만으로 요리하는 것이었어요. 그러자 버리는 재료도 없고 식비도 아끼게 되었어요. 특히 오래 보관할 수 없는 식재료는 무조건 그 주에 소진하는 걸 목표로 했습니다. 대신 오래 보관 가능한 재료는 대량으로 사서 식비를 줄여나갔습니다.

3단계 식습관 길들이기

잘 짜둔 식단표를 따라 하고 장보기 목록과 비용을 가계부에 기록하다 보면 한 달 식비가 어느 정도 드는지, 특정 재료를 어느 주기로 사야 하는지 예측할 수 있어요. 식단표와 가계부가 몸에 익고 계획하에 집밥을 꾸준히 하다 보면 특별한 일이 없는 한, 그리고 특별히 신경 쓰지 않아도 식비가 늘 일정하게 유지되는 경험을 하실 거예요.

식단표 잘 짜는 방법

일주일 식단표를 짤 때 무작정 먹고 싶은 걸 고르다 보면 재료를 지나치게 많이 살 수 있어요. 영양소도 골고루 채우고 식재료를 잘 소진할 수 있는 몇 가지 기준을 소개합니다.

1. 단백질을 다양하게

매번 완벽하게 구성하긴 어렵지만, 최대한 단백질을 섭취할 수 있도록 소고기, 돼지고기, 닭고기는 주 1회씩 포함하고 그 외에는 생선 등 해산물로 주재료를 구성합니다.

2. 냉장고 속 남은 재료 확인

매주 재료를 완전히 소진하는 경우는 드물기 때문에, 남은 재료를 최대한 활용합니다. 예를 들어 냉장고에 양배추가 남아 있다면 닭갈비나 양배추쌈+참치쌈장으로 식단표를 구성합니다.

3. 제철 식재료 활용

제철을 잘 활용하면 품질 좋고 맛있는 식재료를 저렴하게 살 수 있어요. 제철 식재료를 매월 미리 확인하고 식단표에 꼭 넣어요.

4. 같은 재료라도 다양한 방법으로

반복적으로 같은 음식을 먹는 걸 선호하지 않거나, 아이를 키우는 집이라면 같은 재료를 쓰더라도 다양한 방법으로 요리하면 좋아요. 우리 집에도 한창 식습관을 잡아가고 있는 유치원생 아이가 있기 때문에 이 부분을 신경 써서 식단표를 짜고 있습니다. 예를 들어 닭다리살이 주재료라면 어떤 날은 간장 양념 구이를 만들고 남은 닭다리살로는 닭곰탕을 만드는 등 조리법과 양념을 다양하게 활용합니다.

5. 주요리와 부요리 맛의 균형

주요리와 부요리를 구성할 땐 맛의 균형을 생각해요. 주요리가 짜고 자극적이라면 국이나 반찬은 슴슴한 맛으로 구성합니다.

+ 장보기 TIP +

오아시스 마켓을 선택한 이유는 품질이 어느 정도 보장된 먹거리를 직접 발품 팔지 않고도 살 수 있기 때문이에요. 다만 모든 걸 오아시스 마켓에서 사지는 않아요. 품질이 좋은 제품을 대량으로 사서 냉동 보관하면 가격이 큰 폭으로 저렴해지는 해산물 종류는 별도의 판매처를 이용하고, 오아시스 마켓과 가격 차이가 많이 나는 종류는 시장에서 사기도 합니다. 집마다 사정과 환경이 다르지만, 제가 추구하는 건 '무조건 저렴하게 먹자'가 아니라, '조금만 부지런히 움직이면 같은 비용으로 더 나은 품질을 선택할 수 있으니 조금 더 신경 쓰자!'입니다.

자주 받는 질문

♥ 궁금한 질문 주세요 ♥

Q. 매운 음식을 아이도 같이 먹나요?

A. 우리 아이는 아직 만 4세라 매운 음식은 같이 먹지 않아요. 같은 재료로 아이용 양념을 따로 만들어주거나 다른 음식을 간단하게 만들어요. 항상 단백질을 간편하게 채울 수 있는 떡갈비, 돈가스, 치킨가스, 양념한 불고기 등을 조금씩 만들어 냉동실에 두었다가 조리만 해서 내어줍니다. 생선도 일부러 챙기기는 쉽지 않아서 굽거나 솥밥으로 만들어서 먹여요.

A. 보통은 오아시스 마켓으로 보고, 추가로 필요한 경우에는 집 주변 마트나 시장을 이용합니다. 장을 여러 번 보는 것도 어떻게 보면 에너지 소모가 크다는 생각이 들어요. 그래서 대부분은 오아시스 마켓에서 1회 보고 있어요. 한 번에 장을 보면 보관을 잘하는 게 특히 중요해요. 고기 종류는 2~3일 내로 소진할 분량은 냉장실에 보관합니다. 예를 들어 닭다리살 정육을 1kg 사면 처음부터 소분해서 당장 쓸 건 냉장실에, 나머지는 냉동실에 넣어두었다가 전날 미리 냉장실에 옮겨 자연 해동합니다.
예전부터 진공 용기를 아주 유용하게 쓰고 있어요. 특히 야채는 배송받거나 사온 당일에 모두 손질해서 각 채소마다 적절한 보관 방법에 맞춰서 진공 용기에 담아 보관합니다.

♥ 궁금한 질문 주세요 ♥

Q. 장은 일주일에 한 번 보나요? 한 번에 보면 식재료 보관은 어떻게 하나요?

♥ 궁금한 질문 주세요 ♥

Q. 외식은 아예 안 하나요?

A. 외식을 아예 안 할 순 없죠. 다만 바깥 음식의 자극적인 맛을 좋아하지 않다 보니 대부분 집에서 해 먹는 것이 입맛에 잘 맞아요. 제가 늘 주방에서 움직이고 식사를 준비하다 보니 가족들도 당연히 집밥 먹는 것을 기본으로 생각하고 있어요. 주말에 외출을 하거나 여행을 가면 당연히 외식을 하고요. 대신 집에서 만들기 어렵거나 잘 하지 않는 메뉴 위주로 외식을 합니다.

목살스테이크
오징어미나리무침
소보로덮밥
데리야키치킨솥밥
시금치새우파스타
치킨난반
소고기냉이솥밥
대패삼겹살팽이버섯말이
훈제오리부추무침
크래미푸팟퐁커리
새우양배추솥밥
돈육전
닭갈비
떡갈비
두부강정
찐야채비빔밥+소고기약고추장
가지닭고기솥밥
해물짬뽕(탕)
백순대볶음
만두탕수

봄

SPRING

A HOME-COOKED MEAL

봄 한 달 식단표
A MONTHLY MEAL PLAN

	MON	TUE	WED	THU	FRI	장보기 금액
첫째 주	목살스테이크 샐러드	오징어미나리무침 새송이버섯전 시금치된장국	소보로덮밥 시금치된장국	데리야키치킨솥밥 미역줄기볶음 달걀국	시금치새우파스타	93,540원
둘째 주	치킨난반 미소된장국	소고기냉이솥밥 부추무침 달걀국	대패삼겹살팽이버섯말이 단무지무침 된장국	훈제오리부추무침 된장국	크래미푸팟퐁커리	65,500원

봄 한 달 식단표
A MONTHLY MEAL PLAN

	MON	TUE	WED	THU	FRI	장보기 금액
셋째 주	새우양배추솥밥 콩나물무침 달걀국	돈육전 묵은지(간장)비빔국수	닭갈비 볶음밥	떡갈비 양배추부침 동죽조갯국	두부강정 동죽조갯국	77,560원
넷째 주	찐야채비빔밥+ 소고기약고추장 콩나물국	가지닭고기솥밥 어묵볶음 콩나물국	해물짬뽕(탕) 무나물	백순대볶음	만두탕수 두부볶음밥	60,310원

봄 1주 차 식단표
A WEEK'S MENU

요일	메뉴	장보기 재료 및 단가 (오아시스 기준, 93,540원)		냉장고 속 재료
월요일 MON	목살스테이크 샐러드	돼지고기 목살 샐러드 야채 달걀 파인애플	16,800 2,190 4,200 3,400	
화요일 TUE	오징어미나리무침 새송이버섯전, 시금치된장국	오징어 슬라이스 미나리 마늘 양파 새송이버섯 시금치	6,900 3,990 4,430 2,990 1,700 2,200	달걀
수요일 WED	소보로덮밥 시금치된장국	소고기 다짐육 쪽파	10,300 2,400	달걀
목요일 THU	데리야키치킨솥밥 미역줄기볶음, 달걀국	닭다리살 정육 미역줄기 당근 부추	13,900 2,800 2,990 1,480	달걀, 양파, 마늘
금요일 FRI	시금치새우파스타	새우살 스파게티면	6,890 3,980	마늘, 시금치

SHOPPING LIST
봄 1주 차 장바구니 목록

1 WEEK

돼지고기 목살 500g	16,800원
샐러드 야채 80g	2,190원
달걀 10개	4,200원
파인애플 1개	3,400원
오징어 슬라이스 300g	6,900원
미나리 200g	3,990원
마늘 200g	4,430원
양파 1.2kg	2,990원
새송이버섯 400g	1,700원
시금치 1단	2,200원
소고기 다짐육 300g	10,300원
쪽파 150g	2,400원
닭다리살 정육 1kg	13,900원
미역줄기 200g	2,800원
당근 500g	2,990원
부추 200g	1,480원
새우살 300g	6,890원
스파게티면 500g	3,980원
합계	**93,540원**

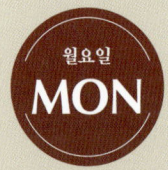

A HOME-COOKED MEAL

월요일 MON

목살스테이크

1주 차

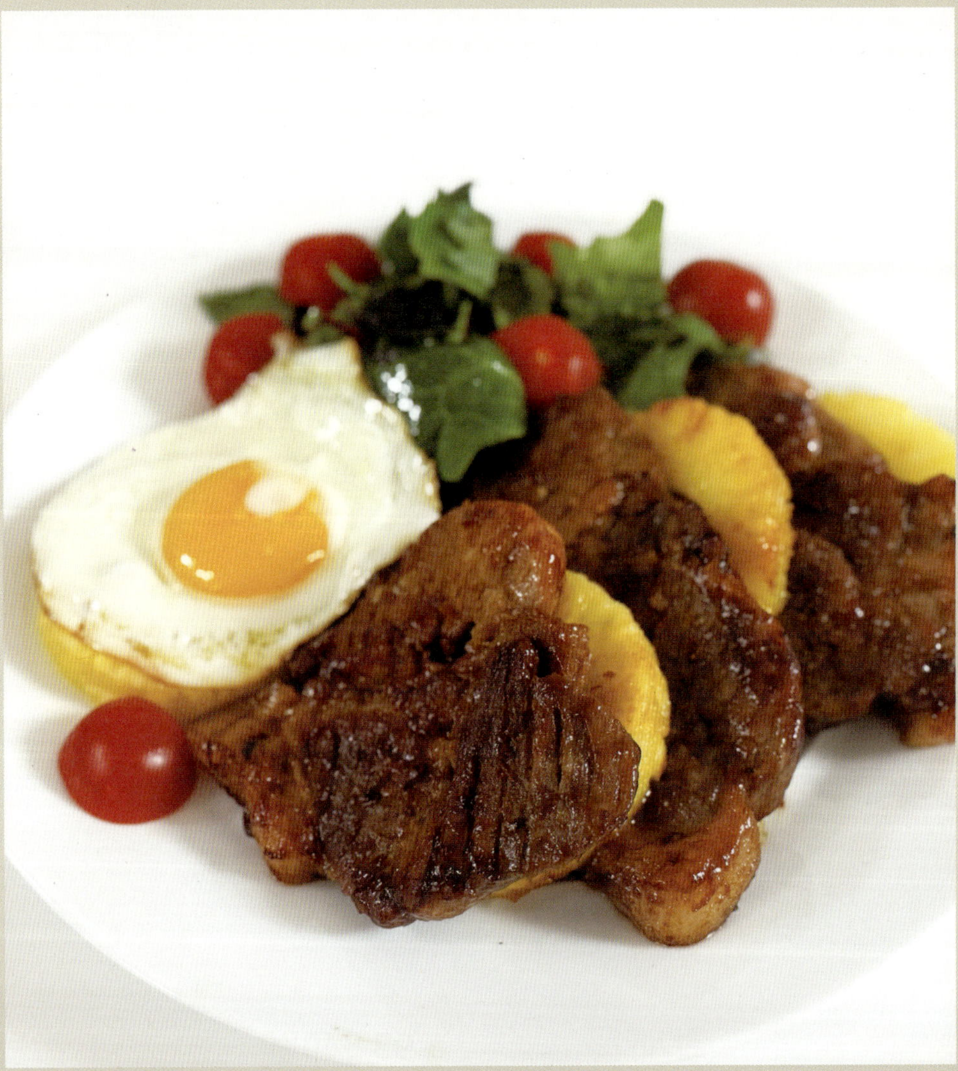

재료 돼지고기 목살(구이용) 500g, 샐러드 야채, 달걀 1개, 버터 30g, 파인애플(생략 가능), 올리브유 1T

양념 진간장 1T, 식초 1T, 알룰로스 1T, 맛술 1T, 케첩 2T, 소금 조금, 후춧가루 조금

HOW TO MAKE

1. 돼지고기 목살(구이용) 500g은 키친타월을 눌러가면서 핏기를 제거하고 소금과 후춧가루를 뿌려서 밑간을 한다.

   TIP | 고기가 두꺼우면 칼집을 넣은 다음 밑간을 한다.

2. 진간장 1T, 식초 1T, 알룰로스 1T, 맛술 1T, 케첩 2T을 섞어서 소스를 만든다.

3. 팬에 올리브유 1T을 두르고 예열한 뒤 중강불에 목살을 앞뒤로 노릇하게 구운 다음 약불로 줄이고 뚜껑을 덮어 속까지 충분히 익힌다.

4. 고기를 구워서 나온 육즙에 소스를 붓고 버터 30g을 넣어 중불에 끓인다.

5. 버터가 녹고 소스가 끓어오르면 구워둔 고기를 넣고 소스가 충분히 배어들 때까지 걸쭉하게 조린다.

   TIP | 중강불로 올리면 좀 더 빨리 조릴 수 있다.

6. 달걀 프라이(반숙)를 만들어서 샐러드 야채, 파인애플과 함께 곁들인다.

   TIP | 소스가 고기에 잘 배어들었다면 샐러드 소스 없이 먹어도 된다.

A HOME-COOKED MEAL

오징어미나리초무침

1주 차

재료 오징어 슬라이스 300g, 미나리 1/2단, 양파 1/2개(중간 크기), 당근 자투리(생략 가능)

양념 고추장 2T, 고춧가루 2T, 매실액 1T, 식초 2T, 알룰로스 2T, 진간장 1T, 참치액 1T, 참기름 1T, 다진 마늘 1T, 통깨 조금

곁들임 메뉴 : 새송이버섯전(P.244), 시금치된장국(P.265)

HOW TO MAKE

1. 오징어 슬라이스 300g은 먹기 좋은 크기로 잘라서 끓는 물에 데친다.

2. 양파 1/2개(중간 크기)와 당근 자투리(생략 가능)는 3mm 두께로 채 썰고, 미나리 1/2단도 길이에 맞춰서 썬다.

3. 고추장 2T, 고춧가루 2T, 매실액 1T, 식초 2T, 알룰로스 2T, 진간장 1T, 참치액 1T, 참기름 1T, 다진 마늘 1T을 섞어 양념장을 만든다.

4. 데친 오징어는 물기를 제거하고 썰어둔 미나리, 양파, 당근과 함께 양념장을 부어서 골고루 섞는다.

5. 오징어미나리무침을 그릇에 담고 통깨를 뿌린다.

A HOME-COOKED MEAL

소보로덮밥

1주 차

- **재료** 소고기 다짐육 200g, 달걀 3개, 쪽파 5~6대, 버터 20g, 올리브유 1T, 참기름 1T
- **양념** 진간장 2.5T, 굴소스 1.5T, 맛술 2T, 매실액 1T, 알룰로스 0.5T, 다진 마늘 0.5T, 소금 3꼬집

곁들임 메뉴 : 시금치된장국(P.265)

HOW TO MAKE

1. 소고기 다짐육 200g에 진간장 2.5T, 굴소스 1.5T, 맛술 1T, 매실액 1T, 알룰로스 0.5T, 다진 마늘 0.5T 을 버무려서 양념을 한다.

2. 달걀 3개를 맛술 1T과 소금 3꼬집을 넣고 잘 섞어서 풀어준다.

3. 팬에 버터 20g을 녹이고 달걀물을 부어서 젓가락으로 휘저어가며 스크램블을 만든다.

4. 팬에 올리브유 1T을 두르고 양념 해둔 소고기를 볶는다.

5. 볶은 소고기에 참기름 1T을 둘러서 살짝 섞는다.

6. 밥 위에 볶은 소고기, 잘게 송송 썬 쪽파, 달걀 스크램블을 가지런히 올린다.

7. 취향에 따라 달걀노른자를 얹는다.

A HOME-COOKED MEAL

데리야키치킨솥밥

1주 차

재료 쌀 250㎖, 닭다리살 정육 500g, 양파 1개, 버터 20g, 부추 한 줌, 물 250㎖, 가루육수 1포, 올리브유 2T

양념 진간장 3T, 맛술 1T, 꿀 1T, 알룰로스 0.5T, 다진 마늘 1T, 육수 2T, 후춧가루 조금, 쯔유 1T

곁들임 메뉴: 미역줄기볶음(P.241), 달걀국(P.256)

HOW TO MAKE

1. 쌀 250㎖는 물에 씻은 다음 체에 밭쳐 30분 이상 마른 불림을 한다.

2. 진간장 3T, 맛술 1T, 꿀 1T, 알룰로스 0.5T, 다진 마늘 1T, 육수 2T, 후춧가루를 넣고 데리야키 소스를 만든다.

3. 양파 1개는 3mm 두께로 채 썬다.

4. 팬에 올리브유 1T과 버터 20g을 넣고 채 썬 양파를 중불에 볶는다.

5. 양파가 투명해지기 시작하면 닭다리살 정육 500g을 껍질부터 놓고 볶는다.

6. 닭 껍질이 노릇하게 구워지면 먹기 좋게 자른 후 데리야키 소스를 붓고 중강불에 조리면서 익힌 후 덜어둔다.

7. 솥에 불린 쌀, 육수(물 250㎖+가루육수 1포) 250㎖, 쯔유 1T, 올리브유 1T을 넣고 섞은 다음 뚜껑을 닫아 중강불에 5분, 약불에 10분간 밥을 짓는다.

8. 밥이 다 되면 부추 한 줌을 잘게 썰어서 밥 위에 듬뿍 펼쳐 올리고 볶은 닭과 양파를 올린 뒤 뚜껑을 닫고 10분간 뜸을 들인다.

A HOME-COOKED MEAL

시금치새우파스타

1주 차

재료 시금치 1/2단, 새우살 300g, 스파게티면 250g, 선드라이드 토마토 10개(생략 또는 방울토마토로 대체 가능), 마늘 10개, 올리브유 2T, 페페론치노 1~2개, 파르미지아노 레지아노 치즈

양념 참치액 3T, 후춧가루 조금, 소금 2T

HOW TO MAKE

1. 물에 소금 1T을 넣고 끓으면 시금치 1/2단을 넣어 30초간 살짝 데친다.

2. 마늘 10개는 편을 썬다.

3. 끓는 물에 올리브유 1T과 소금 1T을 넣고 중강불에 스파게티면을 7분 정도 삶는다.

4. 팬에 올리브유 1T을 두르고 편 썬 마늘과 페페론치노 1~2개를 부숴 중불에 볶는다.

5. 마늘 향이 올라오면 새우살 300g, 선드라이드 토마토 10개를 넣고 함께 볶는다.
   TIP | 선드라이드 토마토는 생략하거나 방울토마토로 대체해도 된다.

6. 면이 90% 정도 익으면 면수 2국자, 참치액 3T, 후춧가루 조금 넣고 간이 골고루 배도록 섞으면서 마저 익힌다.

7. 데친 시금치를 올리고 골고루 잘 섞는다.

8. 접시에 옮겨 담은 후 파르미지아노 레지아노 치즈를 갈아 올린다.

봄 2주 차 식단표
A WEEK'S MENU

요일	메뉴	장보기 재료 및 단가 (오아시스 기준, 65,500원)		냉장고 속 재료
월요일 **MON**	치킨난반 미소된장국	두부 달걀 피클 미역	2,800 4,100 4,900 3,400	닭다리살 정육, 양파
화요일 **TUE**	소고기냉이솥밥 부추무침, 달걀국	소고기 다짐육 냉이 부추 대파	10,300 3,600 2,960 1,980	마늘
수요일 **WED**	대패삼겹살팽이버섯말이 단무지무침, 된장국	대패삼겹살 팽이버섯 단무지 애호박	11,500 1,090 2,590 1,780	두부
목요일 **THU**	훈제오리부추무침 된장국	훈제오리	11,900	마늘, 부추
금요일 **FRI**	크래미푸팟퐁커리	크래미	2,600	양파, 마늘, 달걀

SHOPPING LIST
봄 2주 차 장바구니 목록

2 WEEK

두부 300g 2모	2,800원
달걀 10개	4,100원
피클 680g	4,900원
미역 50g	3,400원
소고기 다짐육 300g	10,300원
냉이 100g	3,600원
부추 200g 2팩	2,960원
대파 500g	1,980원
대패삼겹살 300g	11,500원
팽이버섯 350g	1,090원
단무지 230g	2,590원
애호박 1개	1,780원
훈제오리 400g	11,900원
크래미 142g	2,600원
합계	**65,500원**

A HOME-COOKED MEAL

치킨난반

2주 차

- **재료** 닭다리살 정육 500g, 달걀 4개, 양파 1/4개, 피클 5~6개, 밀가루, 샐러드 야채(생략가능)
- **양념** 맛술 2T, 소금 0.5t, 후춧가루 조금, 진간장 2T, 식초 2T, 알룰로스 2T, 마요네즈 3T

곁들임 메뉴 : 미소된장국(P.262)

HOW TO MAKE

1. 닭다리살 정육 500g에 맛술 2T, 소금 0.5t, 후춧가루 조금을 넣고 버무려서 밑간을 한다.

2. 달걀 3개는 중강불에 13분간 완숙으로 삶는다.

3. 양파 1/4개는 잘게 다져서 물에 담가 매운맛을 빼고, 피클 5~6개도 잘게 다진다.

4. 진간장 2T, 식초 2T, 알룰로스 2T을 섞어 샐러드 드레싱을 만든다.

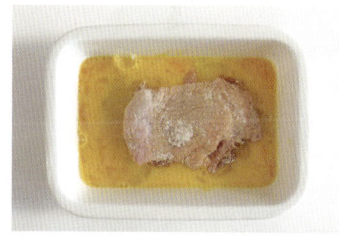

5. 밑간한 닭은 물기를 살짝 털어내고 밀가루를 앞뒤로 골고루 묻힌 후 달걀 1개를 풀어서 닭다리살에 달걀물을 입힌다.

6. 팬에 올리브유 1T을 두르고 달걀물 입힌 닭다리를 올려서 중불에 앞뒤로 뒤집어가며 완전히 굽는다.

7. 삶은 달걀을 으깨고, 다진 양파, 피클, 마요네즈 3T을 섞어 타르타르 소스를 만든다.

8. 구운 닭다리와 샐러드 야채를 놓은 다음 야채에는 간장 드레싱을 뿌리고, 구운 닭다리살 위에는 타르타르 소스를 올린다.

A HOME-COOKED MEAL

소고기냉이솥밥

2주 차

재료 소고기 다짐육 200g, 쌀 250㎖, 냉이 100g, 달걀 1개, 물 250㎖, 가루육수 1포

양념 맛술 1T, 알룰로스 0.5T, 진간장 2T, 매실액 1T, 다진 마늘 1T, 쯔유 1T, 올리브유 1T

곁들임 메뉴 : 부추무침(P.242), 달걀국(P.256)

HOW TO MAKE

1. 쌀 250㎖는 물에 씻은 다음 체에 밭쳐서 30분 이상 마른 불림을 한다.

2. 소고기 다짐육 200g은 맛술 1T, 알룰로스 0.5T, 진간장 2T, 매실액 1T, 다진 마늘 1T을 넣고 버무려서 재워둔다.

3. 냉이 100g은 물에 담가 불린 뒤 여러 번 세척해서 이물질을 씻어낸다.

4. 흙이 많이 묻거나 지저분한 냉이 뿌리는 칼로 껍질을 긁어내고 뿌리만 잘게 다진다.

5. 솥에 불린 쌀 250g, 다진 냉이 뿌리, 육수(물 250㎖ + 가루육수 1포), 쯔유 1T, 올리브유 1T을 넣고 잘 섞어서 중강불에 5분, 약불에 10분간 밥을 짓는다.

6. 밥을 짓는 동안 양념에 재운 소고기를 강불에 볶는다.

7. 밥이 다 되면 냉이 이파리와 볶은 소고기를 올리고 뚜껑을 닫아 10분간 뜸을 들인다.

8. 뜸을 다 들인 후 달걀노른자를 가운데 올린다.

A HOME-COOKED MEAL

 WED | 대패삼겹살팽이버섯말이 | 2주 차

재료 대패삼겹살(냉장) 300g, 팽이버섯 350g, 올리브유 1T
양념 진간장 2T, 참치액 1T, 맛술 1T, 알룰로스 1T, 후춧가루 조금

곁들임 메뉴 : 단무지무침(P.232), 된장국(P.258)

HOW TO MAKE

1. 팽이버섯 350g은 밑동을 잘라내고 적당한 두께로 떼어낸다.

2. 대패삼겹살(냉장) 300g은 반으로 썬다.

3. 진간장 2T, 참치액 1T, 맛술 1T, 알룰로스 1T, 후춧가루 조금 섞어서 양념장을 만든다.

4. 대패삼겹살을 펼치고 팽이버섯을 올려서 돌돌 말아 올리브유 1T을 두른 후라이팬에 올린다.

5. 돌돌 만 끝부분을 먼저 놓고 굽다가 아래쪽이 살짝 노릇해지면 양념장을 붓고 뒤집어 조리면서 마저 굽는다.

A HOME-COOKED MEAL

훈제오리부추무침

2주 차

- **재료** 훈제오리 400g, 부추 200g, 양파 1개(중간 크기)
- **양념** 진간장 2T, 액젓 2T, 참기름 1.5T, 깨 1T, 고춧가루 1.5T, 설탕 2T, 식초 1T, 다진 마늘 1T

곁들임 메뉴 : 된장국(P.258)

HOW TO MAKE

1. 부추 200g은 양파 길이에 맞춰 썰고, 양파 1개는 0.2cm 두께로 채 썬다.

2. 팬에 훈제오리 400g을 올리고 중불에 굽는다.

3. 부추에 진간장 2T, 액젓 2T, 참기름 1.5T, 깨 1T, 고춧가루 1.5T, 설탕 2T, 식초 1T, 다진 마늘 1T을 넣고 살살 섞어서 겉절이를 만든다.

4. 접시에 부추 겉절이를 펼쳐서 놓고 그 위에 구운 훈제오리를 올린다.

A HOME-COOKED MEAL

크래미푸팟퐁커리

금요일 FRI | 2주 차

재료 양파 1개, 크래미 145g, 큐브 카레 4개, 달걀 2개, 버터 10g, 우유 300㎖, 물 200㎖, 올리브유 1T
양념 다진 마늘 1T, 꽃게액젓(또는 참치액) 1T

HOW TO MAKE

1. 양파 1개는 0.3cm 두께로 채 썰고, 크래미 145g은 결대로 찢고, 다진 마늘 1T을 준비한다.

2. 팬에 올리브유 1T을 두르고 다진 마늘 1T을 볶는다.

3. 버터 10g을 넣고 채 썬 양파가 갈색으로 변할 때까지 충분히 볶는다.

4. 찢어둔 크래미를 넣고 함께 볶는다.

5. 우유 300㎖, 물 200㎖를 붓고 큐브 카레 4개, 꽃게액젓(또는 참치액) 1T을 넣고 끓인다.

6. 카레가 녹으면 골고루 섞은 다음 달걀 2개를 풀어서 넣고 걸쭉해질 정도로 끓인다.

7. 접시에 밥을 담고, 푸팟퐁커리를 곁들인다.

봄 3주 차 식단표
A WEEK'S MENU

요일	메뉴	장보기 재료 및 단가 (오아시스 기준, 77,560원)		냉장고 속 재료
월요일 MON	새우양배추솥밥 콩나물무침, 달걀국	새우살 콩나물 달걀 양배추 쪽파	6,890 900 4,100 2,680 2,400	마늘
화요일 TUE	돈육전 묵은지(간장)비빔국수	돼지고기 등심(육전용) 국수	6,500 4,900	대파, 달걀
수요일 WED	닭갈비 볶음밥	닭다리살 정육 고구마 양파 깻잎	13,900 5,450 2,990 1,450	양배추, 당근, 대파, 마늘
목요일 THU	떡갈비, 양배추부침 동죽조갯국	돼지고기 다짐육 소고기 다짐육 동죽 무	4,800 10,300 4,900 2,600	마늘, 양배추, 당근, 대파
금요일 FRI	두부강정 동죽조갯국	두부	2,800	마늘

3 WEEK

새우살 300g	6,890원
콩나물 300g	900원
달걀 10개	4,100원
쪽파 150g	2,400원
양배추 1통	2,680원
돼지고기 등심(육전용) 300g	6,500원
국수 400g	4,900원
닭다리살 정육 1kg	13,900원
고구마 800g	5,450원
양파 1.2kg	2,990원
깻잎 30장	1,450원
돼지고기 다짐육 300g	4,800원
소고기 다짐육 300g	10,300원
동죽 500g	4,900원
무 1kg 내외	2,600원
두부 300g 2모	2,800원

합계 　　　　　　　　　**77,560원**

A HOME-COOKED MEAL

새우양배추솥밥

3주 차

| 재료 | 쌀 250㎖, 새우살 200g, 양배추 1/4통, 마늘 5개, 쪽파 5대, 버터 10g, 물 250㎖, 가루육수 1포, 올리브유 2T |
| 양념 | 굴소스 2T, 쯔유 1T |

곁들임 메뉴 : 콩나물무침(P.254), 달걀국(P.256)

HOW TO MAKE

1. 쌀 250㎖는 물에 씻은 다음 체에 밭쳐서 30분 이상 마른 불림을 한다.

2. 양배추 1/4통은 채 썰고, 마늘 5개는 편을 썬다.

3. 팬에 올리브유 1T을 두르고 중불에 편 썬 마늘을 먼저 볶아서 덜어둔다.

4. 중불에 채 썬 양배추를 굴소스 2T를 넣고 간을 해서 볶은 다음 양배추에서 나온 물도 함께 그릇에 담아둔다.

5. 솥에 불린 쌀, 물 250㎖, 가루육수 1포, 쯔유 1T, 올리브유 1T을 넣고 살짝 섞은 후 중강불에 5분, 약불에 10분간 밥을 짓는다.

6. 밥을 짓는 동안 팬에 버터 10g을 녹여 새우살 200g을 굽는다.

7. 쪽파 5대를 잘게 송송 썬다.

8. 밥이 다 되면 볶은 양배추, 마늘, 송송 썬 쪽파, 구운 새우를 차례로 얹고 뚜껑을 덮어 10분간 뜸을 들인다.

A HOME-COOKED MEAL

돈육전

3주 차

- 재료 돼지고기 등심(육전용) 300g, 부침가루 1/2컵, 달걀 2개, 올리브유 3T
- 양념 맛술 1T , 생강가루 1/2t , 소금 1/2t , 후춧가루 1/2t

곁들임 메뉴 : 묵은지(간장)비빔국수(P.240)

HOW TO MAKE

1. 맛술 1T, 생강가루 1/2t, 소금 1/2t, 후춧가루 1/2t을 섞어서 밑간용 양념장을 만든다.

2. 돼지고기 등심(육전용) 300g은 키친타월로 눌러서 핏물을 제거한 뒤 밑간용 양념장을 앞뒤로 바른다.

3. 넓적한 그릇에 부침가루를 펼치고 다른 그릇에 달걀 2개를 푼 다음 밑간한 돼지고기를 부침가루와 달걀물을 순서대로 입힌다.

4. 팬에 올리브유 3T을 두르고 달걀물 입힌 돼지고기를 올려서 앞뒤를 노릇하게 굽는다.
   TIP | 기름이 모자라면 추가하면서 굽는다.

5. 돈육전은 초간장에 찍어 먹거나 파무침과 함께 먹는다.
   TIP | 파무침은 파 3대를 얇게 채 썰어 진간장 2T, 식초 2T, 설탕 1T, 고춧가루 1T, 참기름 1T, 부순 깨를 넣고 섞으면 된다.

A HOME-COOKED MEAL

닭갈비

3주 차

재료 닭다리살 정육 400g, 우유 200㎖(생략가능), 양배추 1/2통, 마늘 5개, 양파 1개(작은 크기), 고구마 1개, 당근 1/4개, 파 2대, 깻잎 7~8장, 올리브유 1T

양념 진간장 2T, 굴소스 1T, 고추장 2T, 고춧가루 2T, 물엿 2T, 다진 마늘 1T, 맛술 1T, 참기름 1T, 후춧가루 조금, 카레 가루 1/2T

HOW TO MAKE

1. 닭다리살 정육 400g에 우유 200㎖를 부어서 20분간 재워둔다.

2. 진간장 2T, 굴소스 1T, 고추장 2T, 고춧가루 2T, 물엿 2T, 다진 마늘 1T, 맛술 1T, 참기름 1T, 후춧가루 조금, 카레 가루 1/2T을 섞어서 양념장을 만든다.

TIP | 아이들이 먹을 닭갈비는 닭다리살 100g 기준 진간장 2t, 마늘 1t, 참기름 1t을 넣는다.

3. 양배추 1/2통, 양파 1개(작은 크기), 고구마 1개, 당근 1/4개는 먹기 좋은 크기로 썰고, 파 2대는 손가락 두 마디 길이로 썬다.

4. 팬에 올리브유 1T을 두르고 우유를 닦아낸 닭다리살을 껍질부터 놓고 설탕 1/2T을 뿌려서 굽다가, 노릇해지면 뒤집어서 설탕 1/2T을 더 뿌려서 굽는다.

5. 닭고기가 어느 정도 구워지면 먹기 좋게 자르고 고구마부터 넣어 같이 볶는다.

6. 고구마가 절반쯤 익으면 양념장을 붓고 골고루 섞는다.

7. 먹기 좋게 썰어둔 양배추, 당근, 양파, 대파를 넣고 양파가 완전히 익을 때까지 볶는다.

8. 닭갈비를 그릇에 담고 깻잎 7~8장을 채 썰어서 가운데 올린다.

A HOME-COOKED MEAL

떡갈비

3주 차

재료 소고기 다짐육 300g, 돼지고기 다짐육 300g, 대파 흰 부분 1대
양념 진간장 3T, 알룰로스 2T, 꿀 1T, 맛술 1T, 소금 1t, 후춧가루 조금, 생강가루 조금, 전분가루 1T, 다진 마늘 1T

곁들임 메뉴 : 양배추부침(P.249), 동죽조갯국(P.257)

HOW TO MAKE

1. 대파 흰 부분 1대를 잘게 다지고, 다진 마늘 1T을 준비한다.

2. 진간장 3T, 알룰로스 2T, 꿀 1T, 맛술 1T, 소금 1t, 후춧가루 조금, 생강가루 조금, 전분가루 1T, 다진 마늘 1T을 섞어서 양념장을 만든다.

3. 소고기 다짐육 300g과 돼지고기 다짐육 300g은 키친타월로 눌러가며 핏물을 제거한 다음 다진 대파와 양념장을 한꺼번에 넣고 고기들이 잘 달라붙도록 충분히 치댄다.

4. 치댄 고기를 동글납작한 모양으로 빚어서 굽는다.

TIP │ 떡갈비 속까지 잘 굽는 법
① 중불에 앞뒤를 노릇하게 구운 다음 최대한 약불로 낮추고 뚜껑을 닫아 속까지 충분히 익힌다.
② 중불에 앞뒤를 노릇하게 구운 다음 물을 소주잔 반 잔 정도 붓고 뚜껑을 닫아 찌듯이 익히다가 떡갈비가 쪼그라들고 육즙이 나오면 뚜껑을 열고 중강불로 올려 육즙이 배도록 익힌다.

A HOME-COOKED MEAL

두부강정

3주 차

- **재료** 두부 2모, 전분가루 6T, 올리브유 3T
- **양념** 케첩 4T, 진간장 2T, 고추장 2T, 맛술 2T, 알룰로스 4T, 매실액 2T, 다진 마늘 1T, 소금 1/2t, 후춧가루 조금, 통깨 조금

곁들임 메뉴 : 동죽조갯국(P.257)

HOW TO MAKE

1. 두부 2모를 물에 헹구고 가로세로 2cm 크기로 썬 다음 키친타월에 올려서 물기를 충분히 뺀다.

2. 두부에 소금 1/2t을 골고루 뿌려서 밑간을 한다.

3. 케첩 4T, 진간장 2T, 맛술 2T, 알룰로스 4T, 매실액 2T, 다진 마늘 1T, 후춧가루 조금 섞어서 양념장을 만든다.

TIP | 어른들만 먹는다면 고추장 2T을 추가한다.

4. 밑간한 두부에 전분가루 6T을 골고루 묻힌다.

TIP | 위생봉지에 두부와 전분가루를 한꺼번에 넣고 살살 흔들어가면서 묻히면 편리하다

5. 팬에 올리브유 3T을 두르고 전분가루 입힌 두부를 굴려가며 중불에 튀기듯 굽는다. 두부가 서로 붙지 않게 주의한다.

6. 두부를 굽고 나서 기름을 닦아낸 뒤 아이들이 먹을 분량에 양념장을 부어서 중강불에 조린 후 덜어내고, 어른들이 먹을 분량에 고추장 2T을 넣어서 나머지도 조린다.

7. 접시에 담은 후 통깨를 뿌린다.

봄 4주 차 식단표
A WEEK'S MENU

요일	메뉴	장보기 재료 및 단가 (오아시스 기준, 60,310원)		냉장고 속 재료
월요일 MON	찐야채비빔밥+ 소고기약고추장, 콩나물국	애호박 콩나물 소고기 다짐육 마늘 달걀 대파	1,780 900 10,300 4,430 4,100 1,980	당근, 무
화요일 TUE	가지닭고기솥밥 어묵볶음, 콩나물국	가지 어묵 쪽파	1,920 4,500 2,450	닭다리살 정육, 양파 마늘
수요일 WED	해물짬뽕(탕) 무나물	해물 모둠	9,900	양파, 양배추, 무 마늘, 대파
목요일 THU	백순대볶음	찰순대 깻잎	5,900 1,450	양배추, 양파, 당근, 대파
금요일 FRI	만두탕수 두부볶음밥	물만두 파인애플 두부	4,500 3,400 2,800	양파, 당근

봄 4주 차 장바구니 목록
SHOPPING LIST

4 WEEK

애호박 1개	1,780원
콩나물 300g	900원
소고기 다짐육 300g	10,300원
마늘 200g	4,430원
달걀 10개	4,100원
대파 500g	1,980원
가지 2개	1,920원
쪽파 200g	2,450원
어묵 300g	4,500원
해물 모둠 600g	9,900원
찰순대 400g	5,900원
깻잎 30장	1,450원
물만두 400g	4,500원
파인애플 1개	3,400원
두부 300g 2모	2,800원
합계	**60,310원**

A HOME-COOKED MEAL

찐야채비빔밥 + 소고기약고추장

4주 차

- **재료** 소고기 다짐육 300g, 대파 흰 부분 1대, 달걀 3개(1인당 1개), 무 100g, 콩나물 100g, 애호박 100g, 당근 100g(자투리 채소 활용)
- **양념** 진간장 1.5T, 다진 마늘 1T, 굴소스 0.5T, 맛술 1T, 올리고당 0.5T, 후춧가루 조금, 매실액 1.5T, 꿀 1.5T, 고추장 4T, 참기름 1T

곁들임 메뉴 : 콩나물국(P.270)

HOW TO MAKE

1. 대파 흰 부분 1대는 잘게 다지고, 마늘도 다져서 1T을 준비한다.

2. 소고기 다짐육 300g에 다진 마늘 1T, 다진 대파, 진간장 1.5T, 굴소스 0.5T, 맛술 1T, 올리고당 0.5T과 후춧가루 조금 넣고 버무려서 재워둔다.

3. 무 100g, 애호박 100g, 당근 100g은 0.5cm 두께로 채 썬다. 찜기에 물을 붓고 팔팔 끓기 시작하면 채 썬 무, 당근, 애호박, 콩나물 100g을 올리고 센 불에 5~6분간 찐다.

4. 채소를 찌는 동안 팬에 양념한 소고기를 볶는다. 소고기가 익으면 아이가 먹을 만큼(약 50g) 덜어둔다.

5. 나머지 소고기에 매실액 1.5T, 꿀 1.5T, 고추장 4T을 넣고 섞어가면서 한 번 더 볶는다.

6. 소고기고추장이 졸아들면 불을 끄고 참기름 1T을 넣어 한 번 더 섞는다.

7. 밥 위에 찐 채소와 달걀 프라이를 올린 후 소고기고추장 1숟가락을 듬뿍 얹어서 비벼 먹는다.

A HOME-COOKED MEAL

가지닭고기솥밥

4주 차

- **재료** 쌀 250㎖, 닭다리살 정육 350g, 올리브유 1T, 가지 2개, 양파 1개(작은 크기), 쪽파 조금, 버터 10g, 물 225㎖, 가루육수 1포
- **양념** 진간장 3T, 매실액 2T, 맛술 1T, 알룰로스 0.5T, 다진 마늘 1T, 후춧가루 조금

곁들임 메뉴 : 어묵볶음(P.250), 콩나물국(P.270)

HOW TO MAKE

1. 쌀 250㎖는 물에 씻은 다음 체에 밭쳐서 30분 이상 마른 불림을 한다.

2. 가지 2개는 한입 크기로 썰고, 양파 1개는 새끼손톱 크기로 다지고, 다진 마늘 1T을 준비한다.
   TIP | 가지 껍질을 벗기면 식감이 덜 느껴져서 부담 없이 먹을 수 있다.

3. 다진 마늘 1T, 진간장 3T, 매실액 2T, 맛술 1T, 알룰로스 0.5T, 후춧가루 조금 섞어서 양념장을 만든다.

4. 솥에 올리브유 1T을 살짝 두르고 닭다리살 350g을 껍질 부위부터 중불에 굽는다.

5. 닭고기가 골고루 익으면 먹기 좋게 자르고, 다진 양파, 한입 크기로 썬 가지, 양념장을 넣고 중강불에 볶으면서 조린다.

6. 볶은 닭고기와 채소를 덜어두고 불린 쌀, 물 225㎖, 가루육수 1포, 올리브유 1T을 넣고 섞어서 중강불에 5분, 약불에 10분간 밥을 짓는다.

7. 밥이 다 되면 송송 썬 쪽파, 볶은 닭고기와 채소, 버터 10g을 올리고 뚜껑을 닫아 10분간 뜸을 들인다.

A HOME-COOKED MEAL

해물짬뽕(탕)

4주 차

- **재료** 해물 모둠 600g, 양배추 1/3통, 양파 1/2개, 당근 조금, 대파 2대, 청양고추 2개(생략 가능), 물 1.5ℓ, 가루육수 3포, 올리브유 1T
- **양념** 국간장 1T, 참치액 2T, 후춧가루 조금, 다진 마늘 1T

곁들임 메뉴 : 무나물(P.239)

HOW TO MAKE

1. 대파 2대는 손가락 2마디 길이로 썰고, 양파 1/2개는 0.5cm 두께로, 당근은 0.2cm 두께로 채 썬다. 양배추 1/3통은 한입 크기로 썬다.

2. 팬에 올리브유 2T을 넉넉히 두르고 중불에 대파를 먼저 볶는다.

3. 대파 향이 올라오고 숨이 죽으면 양배추를 넣고 볶는다.

4. 양배추가 익으면 물 1.5ℓ, 가루육수 3포, 채 썬 양파, 당근, 국간장 1T, 참치액 2T, 후춧가루 조금, 다진 마늘 1T을 넣고 중강불에 끓인다.

5. 양파가 투명하게 익기 시작하면 해물 모둠 600g을 넣고 중강불에 10분간 더 끓인다. 간이 모자라면 참치액을 더 넣어서 맞춘다.

A HOME-COOKED MEAL

목요일
THU

백순대볶음

4주 차

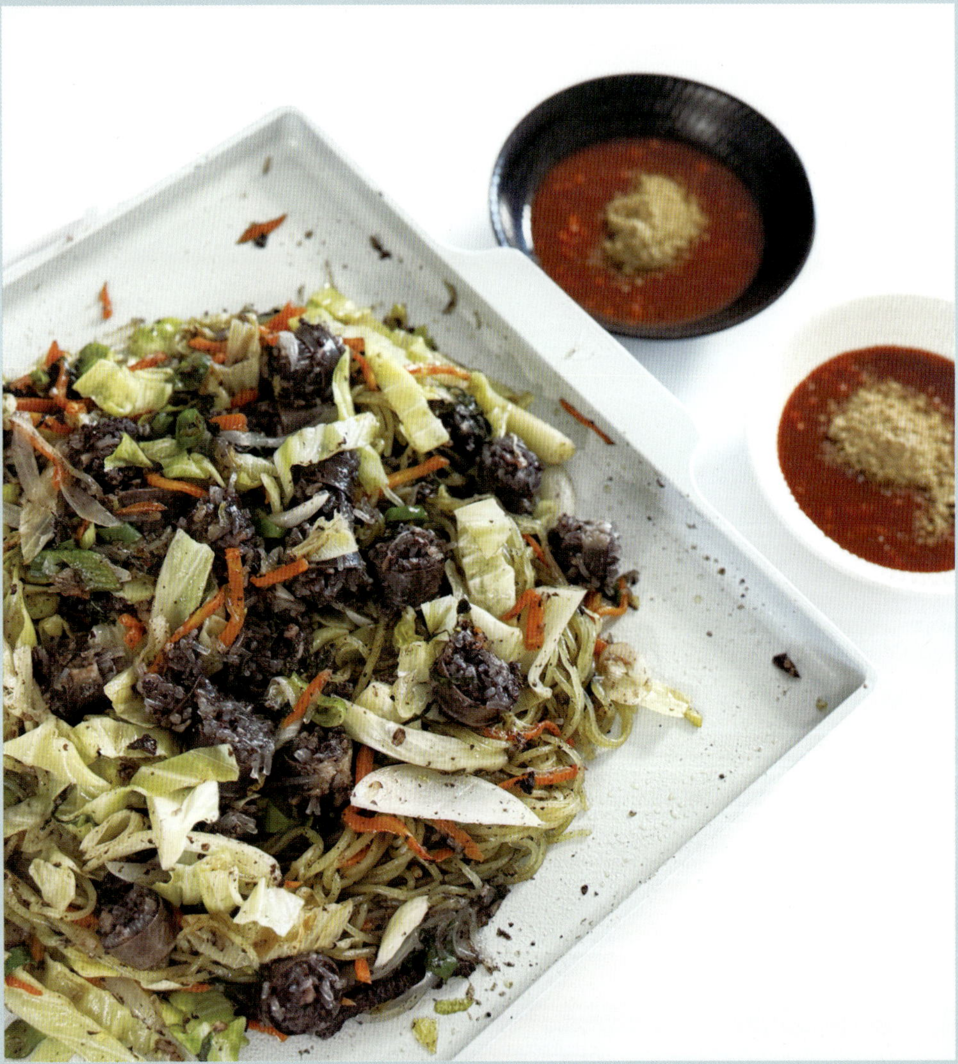

재료 찰순대 400g, 양배추 1/3통, 양파 1/2개, 대파 1대, 당근 1/3개, 쫄면 200g(생략 가능), 깻잎 10장, 청양고추 2개(생략 가능), 올리브유 2T

양념 식초 1T, 매실액 1T, 알룰로스 1T, 고추장 2T, 들깻가루 1T, 참기름 0.5T, 소금 2/3T, 후춧가루 조금, 마늘 1T

HOW TO MAKE

1. 양배추 1/3통과 양파 1/2개는 0.5cm 두께, 당근과 깻잎은 0.2cm 두께로 채 썰고, 대파 1대는 어슷썰기를 하고 청양고추 2개는 얇게 송송 썬다.

2. 찰순대 400g은 1cm 이상 두께로 썬다.

3. 넓은 팬에 올리브유 2T을 두르고 썰어둔 순대, 채 썬 양배추, 양파, 당근, 깻잎, 어슷 썬 대파, 송송 썬 고추를 넣고, 소금 2/3T과 후춧가루를 뿌려서 중불에 볶는다.

4. 채소가 숨이 죽으면 불린 쫄면 200g을 넣고 함께 볶는다.

5. 다진 마늘 1T, 식초 1T, 매실액 1T, 알룰로스 1T, 고추장 2T, 들깻가루 1T, 참기름 0.5T을 섞어서 양념장을 만들어 백순대볶음을 찍어 먹는다.

A HOME-COOKED MEAL

만두탕수

4주 차

- **재료**: 물만두 530g, 당근 40g, 양파 40g, 파인애플 80g, 올리브유 1T
- **양념**: 진간장 2T, 식초 1T, 알룰로스 4T, 물 180㎖, 전분물(전분가루 1T+물 2T)

곁들임 메뉴 : 두부볶음밥(P.235)

HOW TO MAKE

1. 물만두 530g에 올리브유 1T을 골고루 뿌리고 예열한 에어프라이어에 넣어 180도에서 7~8분간 굽는다.

2. 당근 40g, 양파 40g, 파인애플 80g은 한입 크기로 썬다.

3. 진간장 2T, 식초 1T, 알룰로스 4T, 물 180㎖를 섞어서 탕수육 소스를 만든다.

4. 탕수육 소스에 썰어둔 당근, 양파, 파인애플을 넣고 중강불에 끓이다가 전분물(전분가루 1T+물 2T)을 넣고 빠르게 저어서 다시 끓어오르면 불을 끈다.

5. 구운 물만두에 탕수육 소스를 붓는다.

경상도식 소고기뭇국
새우마요
집코바치킨
콩나물부추솥밥
돼지간장불고기
마파두부
차돌박이된장찌개(된장술밥)
명란감자솥밥
소불고기볶음우동
오리주물럭
훈제오리들깨볶음
초당옥수수솥밥
소고기가지롤
두부동그랑땡
양배추쌈+참치쌈장
새우크림카레
소고기된장전골
들기름묵은지지짐+두부
닭고기누룽지탕
전복솥밥

여름 한 달 식단표
A MONTHLY MEAL PLAN

	MON	TUE	WED	THU	FRI	장보기 금액
첫째 주	경상도식 소고기뭇국 달걀말이 무나물	새우마요 마늘볶음밥	집코바치킨, 양배추샐러드	콩나물부추솥밥 미역줄기볶음 두부달걀국	돼지간장불고기 부추무침 두부달걀국	66,900원
둘째 주	마파두부 달걀국	차돌박이된장찌개 (된장술밥)	명란감자솥밥 콩나물무침 차돌박이된장찌개	소불고기볶음우동	오리주물럭 감자조림 콩나물국	78,280원

여름 한 달 식단표
A MONTHLY MEAL PLAN

	MON	TUE	WED	THU	FRI	장보기 금액
셋째 주	훈제오리들깨볶음 새송이버섯볶음 소고기미역국	초당옥수수솥밥 새송이버섯볶음 두부달걀국	소고기가지롤 토마토파스타 / 리조토	두부동그랑땡 애호박들깨볶음 콩나물국	양배추쌈+참치쌈장 콩나물국	68,900원
넷째 주	새우크림카레 달걀국 오이절임	소고기된장전골	들기름묵은지지짐+ 두부 양배추부침 애호박새우젓국	닭고기누룽지탕	전복솥밥 애호박새우젓국 새송이버섯전	81,130원

A WEEK'S MENU
여름 1주 차 식단표

요일	메뉴	장보기 재료 및 단가 (오아시스 기준, 66,710원)		냉장고 속 재료
월요일 MON	경상도식 소고기뭇국 달걀말이, 무나물	소고기 국거리 무 콩나물 달걀 대파	11,900 2,600 900 4,100 1,980	마늘
화요일 TUE	새우마요 마늘볶음밥	새우살 양상추	6,890 1,930	마늘, 달걀
수요일 WED	집코바치킨 양배추샐러드	닭다리살 정육 양배추 떡볶이떡	13,900 2,280 3,350	마늘
목요일 THU	콩나물부추솥밥 미역줄기볶음, 두부달걀국	두부 콩나물 부추 미역줄기	2,800 900 1,000 2,800	달걀, 양파, 당근
금요일 FRI	돼지간장불고기 부추무침, 두부달걀국	돼지고기 앞다리살	8,900	부추, 마늘

SHOPPING LIST

1 WEEK

소고기 국거리 300g	11,900원
무 1kg	2,600원
콩나물 300g 2봉지	1,800원
달걀 10개	4,100원
대파 500g	1,980원
새우살 300g	6,890원
양상추 1통	1,930원
닭다리살 정육 1kg	13,900원
양배추 1통	2,280원
떡볶이떡 500g	3,350원
두부 300g 2모	2,800원
부추 200g	1,480원
미역줄기 200g	2,800원
돼지고기 앞다리살 600g	8,900원
합계	**66,710원**

A HOME-COOKED MEAL

경상도식 소고기뭇국

1주 차

재료 소고기 300g, 콩나물 300g, 무 300g, 대파 2대, 물 1.5L, 가루육수 3포, 올리브유 1T

양념 고춧가루 2T, 다진 마늘 1T, 국간장 2T, 참치액 2T, 후춧가루 조금, 소금 조금, 참기름 1T

곁들임 메뉴 : 달걀말이(P.233), 무나물(P.239)

HOW TO MAKE

1. 무 300g은 납작하게 어슷썰기를 하고, 대파 2대는 손가락 두 마디 길이로 썰고, 다진 마늘 1T을 준비한다.

2. 냄비에 올리브유 1T을 두르고 중불에 대파를 먼저 볶는다.

3. 대파가 숨이 죽으면 소고기 300g과 어슷 썬 무를 넣고 같이 볶는다.

4. 소고기 겉면이 익을 정도로 볶은 다음 고춧가루 2T을 넣고 약불에 볶으면서 빨갛게 색을 입힌다.

TIP | 고춧가루는 잘 타므로 아주 약불이나 불을 끄고 섞는다.

5. 물 1.5L, 가루육수 3포, 다진 마늘 1T, 국간장 2T, 참치액 2T, 후춧가루 조금 넣고 중강불에 20분간 끓인다.

6. 콩나물 300g을 넣고 모자란 간은 소금을 더해 맞춘 다음 5분간 더 끓인다.

7. 불을 끈 상태에서 참기름 1T을 넣어 고소함을 더한다.

A HOME-COOKED MEAL

화요일 TUE

새우마요

1주 차

- **재료** 새우살 300g, 양상추 1/2통, 올리브유 1T
- **양념** 다진 마늘 2T, 맛술 1T, 소금 조금, 후춧가루 조금, 마요네즈 5T, 알룰로스 3.5T, 레몬즙 1.5T

곁들임 메뉴 : 마늘볶음밥(P.236)

HOW TO MAKE

1. 새우살 300g에 맛술 1T, 소금 조금, 후춧가루 조금 넣고 살짝 버무려서 밑간을 한다.

2. 마요네즈 5T, 알룰로스 3.5T, 레몬즙 1.5T을 섞어서 소스를 만든다.

3. 팬에 올리브유 1T을 두르고 다진 마늘 2T을 볶는다.

4. 마늘 향이 올라오면 밑간해둔 새우를 넣고 굽다가 새우가 다 익을 때쯤 소스를 절반 정도 넣고 꾸덕해질 정도로 볶는다.

5. 그릇에 양상추를 깔고 남은 소스를 두른다.

6. 양상추 위에 구운 새우를 올린다.

A HOME-COOKED MEAL

집코바치킨

1주 차

- **재료** 닭다리살 정육 500g, 떡볶이떡 15~20개, 양배추 1/4통, 올리브유 1T
- **양념** 진간장 6T, 맛술 2T, 물엿 2T, 알룰로스 5T, 케첩 3T, 치킨스톡 1/2T, 다진 마늘 1T, 고춧가루 2T, 마요네즈 1T

HOW TO MAKE

1. 진간장 6T, 맛술 2T, 물엿 2T, 알룰로스 5T, 케첩 2T, 치킨스톡 1/2T, 다진 마늘 1T, 고춧가루 2T을 섞어서 양념장을 만든다.

2. 팬에 올리브유 1T을 두르고 닭다리살 정육 500g을 껍질부터 중불에 굽는다.

3. 닭고기가 익으면 먹기 좋게 자르고 양념장 2/3를 부어서 양념이 잘 배도록 조리면서 볶는다.

4. 충분히 조려지면 나머지 양념장과 얼리지 않은 떡볶이떡 15~20개를 넣고 골고루 버무린다.

5. 양배추는 얇게 썰어 준비하고 케첩 1T, 마요네즈 1T을 섞어 만든 소스를 뿌려 집코바 치킨과 함께 먹는다.

A HOME-COOKED MEAL

콩나물부추솥밥

1주 차

- **재료** 쌀 250㎖, 육수 250㎖(물 250㎖ + 가루육수 1포), 콩나물 200g, 부추 한 줌
- **양념** 쯔유 1T, 올리브유 1T, 진간장 3T, 매실액 1T, 참기름 1T, 통깨 1/2T, 고춧가루 1/2T

곁들임 메뉴 : 미역줄기볶음(P.241), 두부달걀국(P.259)

HOW TO MAKE

1. 쌀 250㎖는 물에 씻은 다음 체에 밭쳐서 30분 이상 마른 불림을 한다.

2. 솥에 불린 쌀을 담고 육수 250㎖ (물 250㎖ + 가루육수 1포)를 부어서 쯔유 1T, 올리브유 1T을 넣고 골고루 섞는다.

3. 쌀 위에 콩나물 200g을 얹고 중강불에 5분, 약불에 10분간 밥을 짓는다.

4. 진간장 3T, 매실액 1T, 참기름 1T, 통깨 1/2T, 고춧가루 1/2T을 섞어서 양념장을 만든다.

5. 밥이 다 되면 부추 한 줌을 송송 썰어서 올리고 뚜껑을 닫아 10분간 뜸을 들인 후 양념장을 넣어 비벼 먹는다.

83

A HOME-COOKED MEAL

돼지간장불고기

1주 차

재료 돼지고기 앞다리살 600g, 올리브유 1T
양념 다진 마늘 1T, 진간장 4T, 굴소스 1T, 맛술 2T, 알룰로스 4T, 참기름 1T, 생강가루 조금, 통깨 조금

곁들임 메뉴 : 부추무침(P.242), 두부달걀국(P.259)

HOW TO MAKE

1. 다진 마늘 1T, 진간장 4T, 굴소스 1T, 맛술 2T, 알룰로스 4T, 참기름 1T, 생강가루 조금 섞어서 양념장을 만든다.

2. 돼지고기 앞다리살 600g에 양념장을 넣고 버무려서 30분간 냉장고에 넣어 재운다.

3. 팬에 올리브유 1T을 두르고 양념한 돼지고기를 중강불에 볶는다.

4. 돼지간장불고기를 접시에 담고 통깨를 조금 뿌린다.

여름 2주 차 식단표
A WEEK'S MENU

요일	메뉴	장보기 재료 및 단가 (오아시스 기준, 78,280원)	냉장고 속 재료
월요일 MON	마파두부 달걀국	달걀 4,100 두부 2,800 양파 2,480 마늘 4,430 쪽파 2,400 돼지고기 다짐육 4,880	대파
화요일 TUE	차돌박이된장찌개 (된장술밥)	차돌박이 13,800 팽이버섯 1,090 감자 3,350 애호박 1,780	무, 마늘, 대파, 양파
수요일 WED	명란감자솥밥 콩나물무침, 차돌박이된장찌개	명란 5,940 부추 1,480 콩나물 900	마늘, 감자
목요일 THU	소불고기볶음우동	소고기 불고기용 12,800 우동면 5,800 당근 1,750	양파, 대파, 양배추
금요일 FRI	오리주물럭 감자조림, 콩나물국	생오리 정육 10,900	마늘, 콩나물, 감자, 대파, 양파, 팽이버섯

여름 2주 차 장바구니 목록
SHOPPING LIST

2 WEEK

달걀 10개	4,100원
두부 300g 2모	2,800원
양파 1kg 내외	2,480원
마늘 200g	4,430원
쪽파 150g	2,400원
돼지고기 다짐육 300g	4,880원
차돌박이 150g	13,800원
팽이버섯 350g	1,090원
감자 1kg	3,350원
애호박 1개	1,780원
명란 130g	5,940원
부추 200g	1,480원
콩나물 300g	900원
소고기 불고기용	12,800원
우동면 230g 5개	5,800원
당근 500g	1,750원
생오리 정육 500g	10,900원

합계   **78,280원**

A HOME-COOKED MEAL

마파두부

2주 차

재료 두부 1모, 돼지고기 다짐육 200g, 파 1대, 양파 1/2개, 쪽파 조금, 물 250㎖, 올리브유 1T
양념 고추장 1.5T, 된장 0.5T, 진간장 2T, 맛술 1T, 알룰로스 0.5T, 고춧가루 2T, 전분물(전분 2T+물 4T), 다진 마늘 1T

곁들임 메뉴 : 달걀국(P.256)

HOW TO MAKE

1. 양파 1/2개는 손톱 크기로 네모나게 썰고, 파 1대는 0.2cm 두께로 송송 썰고, 다진 마늘 1T을 준비한다.

2. 두부 1모는 1.5cm 크기로 깍둑썰기를 한다.

3. 고추장 1.5T, 된장 0.5T, 진간장 2T, 맛술 1T, 알룰로스 0.5T, 고춧가루 2T, 다진 마늘 1T을 섞어서 양념장을 만든다.
   TIP | 아이가 먹을 양념장은 고추장과 고춧가루를 빼면된다.

4. 팬에 올리브유 1T을 두르고 송송 썬 대파를 중불에 볶아서 파기름을 내다가 파가 숨이 죽고 향이 올라오면 돼지고기 다짐육 200g을 넣고 볶는다.

5. 돼지고기가 익으면 잘게 썬 양파를 넣고 함께 볶다가 양파가 반투명해질 정도로 익으면 양념장을 넣고 골고루 섞으면서 볶는다.

6. 돼지고기에 양념장이 잘 섞이면 물 250㎖를 붓고 끓기 시작했을 때 깍둑 썬 두부를 넣고 으깨지지 않도록 살살 저으면서 1분간 끓인다.

7. 전분물(전분 2T+물 4T)을 조금씩 넣고 저어가며 취향껏 농도를 맞춘다.

8. 밥 위에 마파두부를 올리고 송송 썬 쪽파를 뿌린다.

A HOME-COOKED MEAL

차돌박이된장찌개
(된장술밥)

2주 차

재료 차돌박이 150g, 밥 2공기(500g), 무 1/5개, 애호박 1/2개, 양파 1/2개, 다진 마늘 1T, 대파 1대, 청양고추 3개(생략가능), 팽이버섯 150g, 두부 1모, 물 1ℓ, 가루육수 3포

양념 된장 2T, 백간장 2T

HOW TO MAKE

1. 무 1/5개는 1.5cm 크기로 나박썰기를 하고, 양파 1/2개는 무 절반 크기로 썬다. 애호박 1/2개는 0.3cm 두께로 썰어서 4등분하고, 팽이버섯은 밑동을 잘라낸 후 절반으로 썬다. 대파 1대와 고추 3개는 송송 썰고, 다진 마늘 1T을 준비한다.

2. 물 1ℓ에 가루육수 3포를 넣어 육수를 만든다.

3. 육수에 나박썰기한 무를 넣고 중불에 끓인다.

4. 무가 반투명해질 정도로 익으면 다진 마늘 1T, 애호박, 양파, 된장 2T을 수북하게 넣고 중불에 끓인다.

5. 애호박과 양파가 반투명하게 익으면 팽이버섯, 차돌박이 150g, 백간장 2T을 넣고 끓인다.

6. 고기가 익으면 깍둑썰기한 두부와 송송 썬 대파를 넣고 한 번 더 끓인다.

7. 차돌박이된장찌개를 절반 정도 덜어낸다.
   TIP | 덜어낸 차돌박이된장찌개는 명란감자솥밥과 함께 먹는다.

8. 밥 2공기(500g)를 넣고 취향에 따라 청양고추 또는 고춧가루를 더한 다음 모자란 간은 백간장을 더해서 맞추고 죽처럼 걸쭉해질 때까지 끓인다.

A HOME-COOKED MEAL

수요일
WED

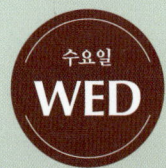

명란감자솥밥

2주 차

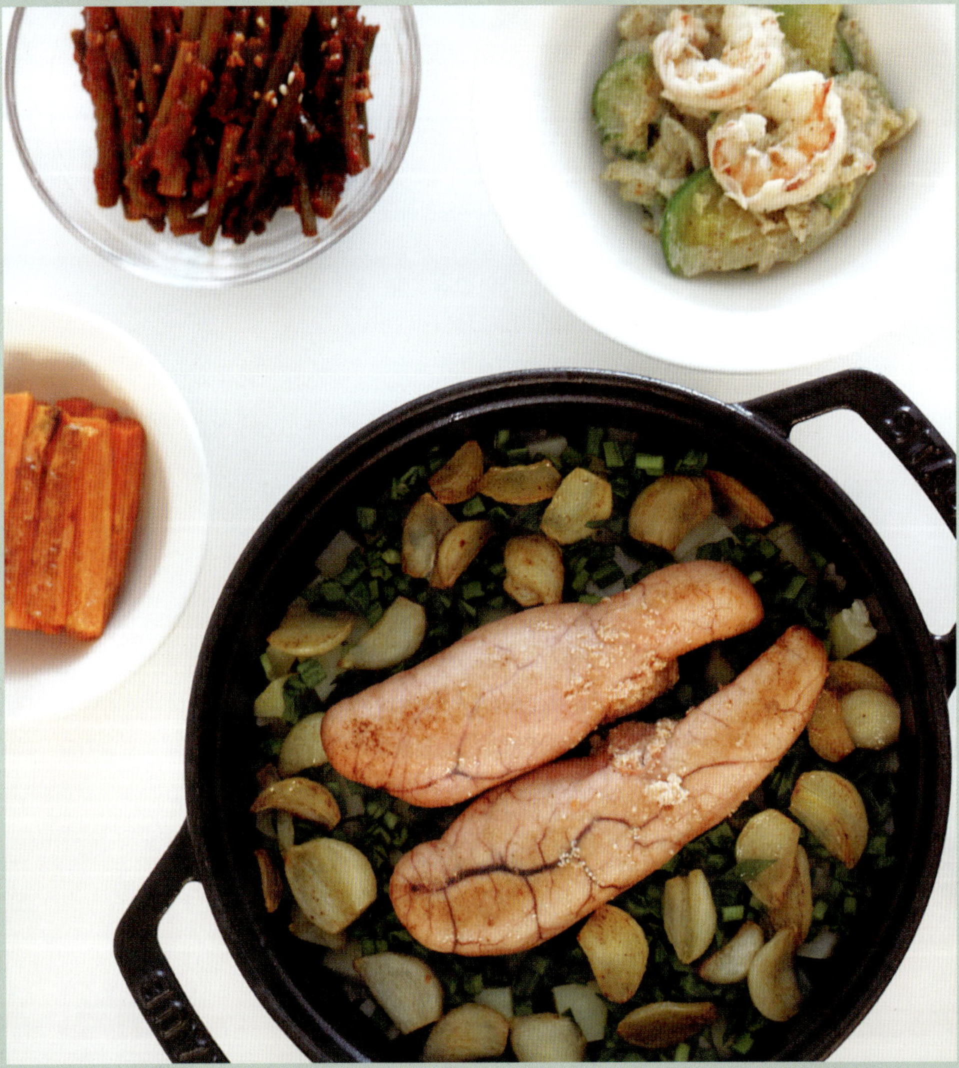

재료 쌀 250㎖, 저염 명란 130g, 감자 200g, 마늘 7~8개, 부추 반 줌, 물 250㎖, 가루육수 1포, 버터 20g, 올리브유 2T

양념 쯔유 1T

곁들임 메뉴 : 콩나물무침(P.254), 차돌박이된장찌개(P.90)

HOW TO MAKE

1. 쌀 250㎖는 물에 씻은 다음 체에 밭쳐서 30분 이상 마른 불림을 한다.

2. 감자 200g은 1cm 크기로 깍둑썰기를 한다.

3. 솥에 불린 쌀을 담고 물 250㎖를 부은 다음 가루육수 1포, 쯔유 1T, 올리브유 1T을 둘러서 섞은 후 깍둑 썬 감자를 올리고, 중강불에 5분, 약불에 10분간 밥을 짓는다.

4. 팬에 올리브유 1T을 두르고 버터 20g을 녹여서 편 썬 마늘을 중불에 굽는다.

5. 마늘이 노릇해지기 시작하면 저염 명란 130g을 넣고 위아래가 노릇해질 정도(속까지 완전히 익히지 않고 절반만 익힌다)만 굽는다.

6. 밥이 다 되면 부추 반 줌을 송송 썰어서 밥 위에 먼저 깔고 구운 명란과 마늘을 얹어서 뚜껑을 닫고 10분간 뜸을 들인다.

A HOME-COOKED MEAL

목요일
THU

소불고기볶음우동

2주 차

재료 소고기 불고기용 300g, 당근 1/4개, 양파 1/2개, 대파 1대, 양배추 1/5개, 우동면 3개, 올리브유 1T

양념 진간장 2.5T, 맛술 1T, 매실액 1T, 알룰로스 1T, 다진 마늘 1T, 후춧가루 조금, 참기름 1T, 쯔유 2T

HOW TO MAKE

1. 소고기 불고기용 300g에 진간장 2.5T, 맛술 1T, 매실액 1T, 알룰로스 1T, 다진 마늘 1T, 참기름 1T, 후춧가루 조금 넣고 골고루 버무려서 양념을 한다.

2. 당근 1/4개는 0.2cm, 양파 1/2개와 양배추 1/5개는 0.5cm 두께로 채 썰고, 대파 1대는 어슷썰기를 한다.

3. 팬에 올리브유 1T을 두르고 어슷 썬 대파를 넣고 중불에 볶아서 파기름을 낸다.

4. 파 향이 올라오면 채 썬 당근을 넣고 볶는다.

5. 당근이 반쯤 익으면 채 썬 양파와 양배추를 넣고 볶는다.

6. 채소가 어느 정도 익으면 양념한 소고기를 넣고 함께 볶는다.

7. 물을 끓여서 중강불에 우동면 3개를 3분 정도 삶는다.

8. 소불고기에 삶은 우동면과 쯔유 2T을 넣고 다 같이 섞으면서 볶는다.

A HOME-COOKED MEAL

오리주물럭

2주 차

- **재료** 생오리 정육 500g, 팽이버섯 반 줌, 부추 반 줌, 양파 1개, 올리브유 1T
- **양념** 고추장 2T, 고춧가루 2T, 진간장 4T, 맛술 1T, 알룰로스 2T, 다진 마늘 1T, 후춧가루 조금, 통깨 조금

곁들임 메뉴 : 감자조림(P.239), 콩나물국(P.270)

HOW TO MAKE

1. 팽이버섯 반 줌은 밑동을 잘라낸 후 가닥가닥 찢고, 부추 반 줌은 5cm 길이로 썰고, 양파는 0.5cm 두께로 채를 썬다.

2. 고추장 2T, 고춧가루 2T, 진간장 4T, 맛술 1T, 알룰로스 2T, 다진 마늘 1T, 후춧가루 조금 섞어서 양념장을 만든다.

3. 생오리 정육 500g에 채 썬 양파와 양념장을 넣고 골고루 버무린다.

4. 팬에 올리브유 1T을 두르고 양념한 오리고기와 양파를 중불에 볶는다.

5. 오리 기름이 나오고 고기가 다 익으면 팽이버섯과 부추를 넣고 팽이버섯이 숨 죽을 때까지 볶는다.

6. 오리주물럭을 그릇에 담고 통깨를 뿌린다.

여름 3주 차 식단표
A WEEK'S MENU

요일	메뉴	장보기 재료 및 단가 (오아시스 기준, 68,900원)		냉장고 속 재료
월요일 MON	훈제오리들깨볶음 새송이버섯볶음, 소고기미역국	숙주 부추 훈제오리 새송이버섯 소고기 다짐육	1,200 1,480 11,900 1,400 10,300	미역, 마늘, 양파
화요일 TUE	초당옥수수솥밥 새송이버섯볶음, 두부달걀국	초당옥수수 완두콩 두부 달걀	11,900 2,800 2,800 4,100	
수요일 WED	소고기가지롤 토마토파스타/리조토	가지 파스타소스	1,920 4,800	
목요일 THU	두부동그랑땡 애호박들깨볶음, 콩나물국	애호박 콩나물 돼지고기 다짐육	1,780 900 5,480	양파, 대파, 당근, 마늘 두부, 달걀
금요일 FRI	양배추쌈 + 참치쌈장 콩나물국	참치 양배추	3,860 2,280	마늘, 양파, 대파

여름 3주 차 장바구니 목록
SHOPPING LIST

3 WEEK

숙주 200g	1,200원
부추 200g	1,480원
훈제오리 400g	11,900원
새송이버섯 400g	1,400원
소고기 다짐육 300g	10,300원
초당옥수수 5개	11,900원
완두콩 150g	2,800원
두부 300g 2모	2,800원
달걀 10개	4,100원
가지 2개	1,920원
파스타소스 400g	4,800원
애호박 1개	1,780원
콩나물 300g	900원
돼지고기 다짐육 300g	5,480원
참치 150g	3,860원
양배추 1통	2,280원

합계   **68,900원**

A HOME-COOKED MEAL

월요일
MON

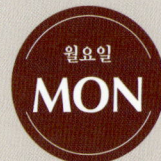

훈제오리들깨볶음

3주 차

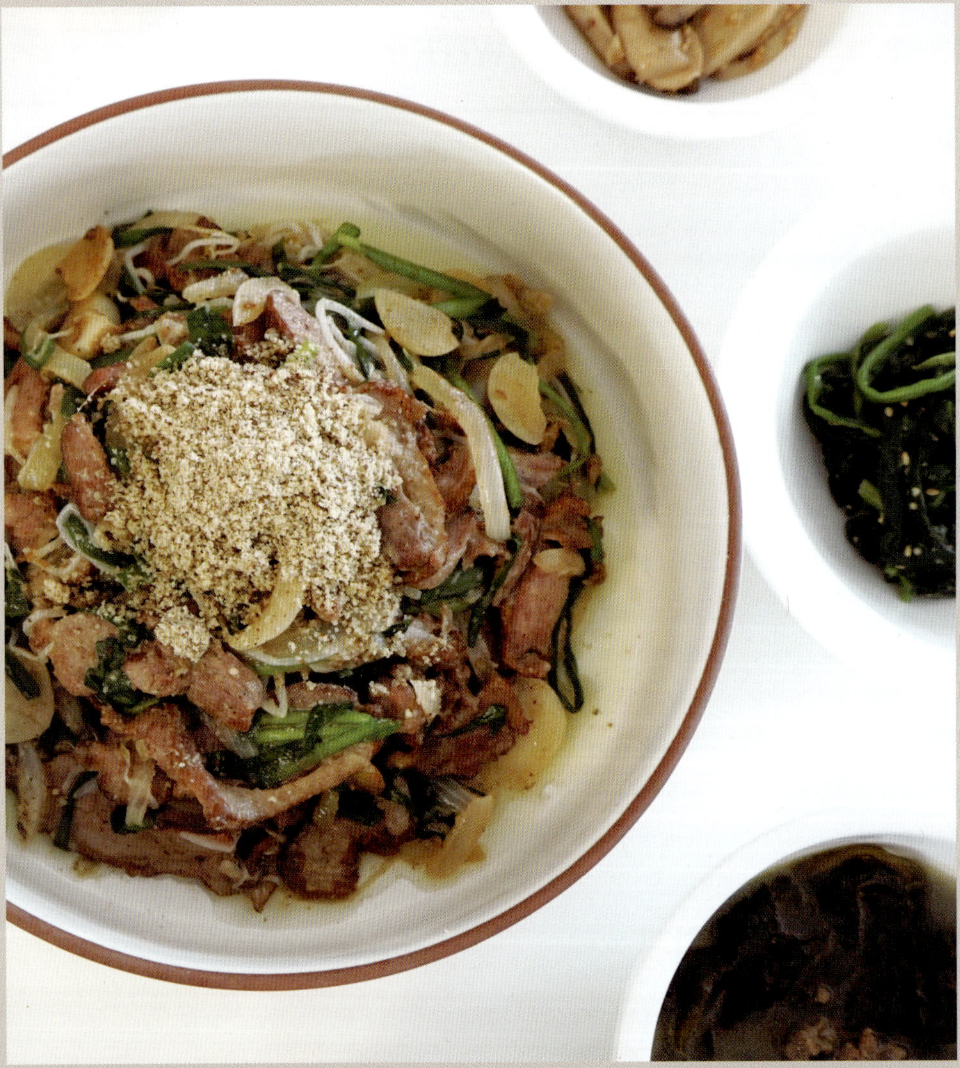

재료 훈제오리 400g, 숙주 200g, 부추 반 줌, 양파 1/2개, 마늘 7개

양념 굴소스 1T, 후춧가루 조금, 들깻가루 2T

곁들임 메뉴 : 새송이버섯볶음(P.243), 소고기미역국(P.264)

HOW TO MAKE

1. 부추 반 줌은 손가락 두 마디 길이로 썰고, 양파 1/2개는 0.5cm 두께로 채 썰고, 마늘 7개는 편 썬다.

2. 팬에 기름을 두르지 않고 훈제오리 400g을 중불에 굽는다.

3. 오리 기름이 배어 나오면 편 썬 마늘을 넣고 볶는다.

4. 마늘 향이 올라오면 채 썬 양파, 굴소스 1T, 후춧가루 조금 넣고 볶는다.

5. 양파가 투명하게 익으면 부추와 숙주 200g을 넣고 숨이 죽을 때까지 볶는다.

6. 들깻가루 2T을 넣고 골고루 섞은 다음 불을 끈다.

A HOME-COOKED MEAL

초당옥수수솥밥

3주 차

재료 초당옥수수 2개, 완두콩 150g, 쌀 250㎖, 물 250㎖, 가루육수 1포, 버터 30g, 올리브유 1T
양념 소금 1/2t, 쯔유 1T

곁들임 메뉴 : 새송이버섯볶음(P.243), 두부달걀국(P.259)

HOW TO MAKE

1. 쌀 250㎖는 물에 씻은 다음 체에 밭쳐서 30분 이상 마른 불림을 한다.

2. 초당옥수수 2개는 칼로 알갱이를 잘라내고 완두콩 150g은 껍질을 깐다.

3. 팬에 버터 20g을 녹여 초당옥수수 알갱이를 소금 1/2t을 넣고 중불에 볶는다.

4. 솥에 불린 쌀을 담고 물 250㎖를 부은 다음 가루육수 1포, 쯔유 1T, 올리브유 1T을 넣고 섞는다.

5. 가운데 옥수수 대를 놓고 양쪽으로 볶은 옥수수 알갱이와 완두콩을 올린 다음 중강불에 5분, 약불에 10분간 밥을 짓고 불을 끈 후 10분간 뜸을 들인다.

6. 뜸을 들인 솥밥에 버터 10g을 올려 섞어서 먹는다.

A HOME-COOKED MEAL

소고기가지롤

3주 차

- **재료** 소고기 다짐육 200g, 가지 2개, 토마토소스 600g, 모차렐라 치즈 150g(생략 가능)
- **양념** 다진 마늘 1/2T, 진간장 1T, 맛술 1T, 알룰로스 1/2T

HOW TO MAKE

1. 가지 2개는 0.2cm 두께로 길게 썬다.

2. 길게 썬 가지를 소금물에 담가 10분 간 절인다.

3. 소고기 다짐육 200g은 다진 마늘 1/2T, 진간장 1T, 맛술 1T, 알룰로 스 1/2T을 넣고 버무려서 양념을 한다.

4. 얇게 썬 가지는 키친타월로 눌러서 물기를 제거한 뒤 마른 팬에 올리고 중불에 앞뒤로 노릇하게 굽는다.

5. 가지 2장을 살짝 겹쳐서 깔고 끝 부분에 양념한 소고기를 얹어 돌 돌 만다.

6. 오븐이나 에어프라이어 사용 가능한 그릇에 소고기가지말이를 놓는다.

7. 토마토소스 600g을 채워 넣는다.

8. 토마토소스 위에 모차렐라 치즈 150g을 얹고 예열된 오븐이나 에어 프라이어에 넣어 180도에 10분간 굽는다.

A HOME-COOKED MEAL

두부동그랑땡

3주 차

- **재료** 돼지고기 다짐육 300g, 두부 1/2모(150g), 마늘 3개, 당근 40g, 양파 40g, 대파 1대, 달걀 2개, 부침가루 4T, 올리브유 1T
- **양념** 맛술 1T, 소금 1/2t, 후춧가루 조금, 생강가루 조금, 굴소스 1T, 설탕 1T, 참기름 1T

곁들임 메뉴 : 애호박들깨볶음(P.247), 콩나물국(P.270)

HOW TO MAKE

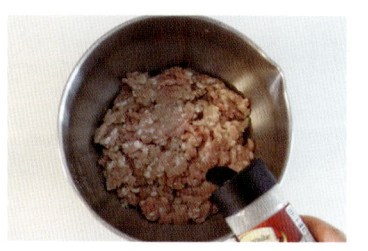

1. 돼지고기 다짐육 300g에 맛술 1T, 소금 1/2t, 후춧가루 조금, 생강가루 조금 넣고 골고루 치대서 밑간을 한다.

2. 마늘 3개, 당근 40g, 양파 40g, 대파 1대는 채소다지기에 한꺼번에 넣고 다진다.
   TIP | 너무 잘게 다지면 물기가 생기므로 약간 입자가 있게 다진다.

3. 두부는 면보로 꾹꾹 눌러 최대한 물기를 제거한 후 밑간한 돼지고기, 다진 채소와 함께 담고 굴소스 1T, 설탕 1T, 참기름 1T을 넣고 섞어가면서 끈끈해질 정도로 치댄다.

4. 반죽을 동글납작하게 모양을 잡아서 빚는다.

5. 넓적한 그릇에 부침가루 4T을 펼치고, 다른 그릇에 달걀 1개와 달걀노른자 1개를 잘 풀어서 준비한다.

6. 팬에 올리브유 1T을 두르고 동그랑땡 반죽을 부침가루와 달걀물 순서로 입혀서 노릇하게 굽는다.

A HOME-COOKED MEAL

양배추쌈+참치쌈장

3주 차

- 재료 참치 1캔(85g), 양파 1/2개, 대파 1대, 다진 마늘 1T, 참기름 1T, 통깨 1T, 올리브유 1T
- 양념 된장 1T, 고추장 1T, 고춧가루 1T, 알룰로스 0.5T, 물 100㎖

곁들임 메뉴 : 콩나물국(P.270)

HOW TO MAKE

1. 양파 1/2개는 0.3cm 크기로 조금 굵게 다지고, 대파 1대는 송송 썰고, 다진 마늘 1T을 준비한다.

2. 된장 1T, 고추장 1T, 고춧가루 1T, 알룰로스 0.5T을 섞어서 양념장을 만든다.

3. 팬에 올리브유 1T을 두르고 다진 마늘 1T과 송송 썬 대파를 중불에 볶는다.

4. 마늘과 파 향이 날 정도로 볶으면 다진 양파를 넣고 함께 볶는다.

5. 양파가 투명하게 익으면 양념장과 물 100㎖를 넣고 중강불에 볶다가 끓어오르면 중약불로 줄여서 볶는다.

6. 양념장이 걸쭉하게 끓으면 참치 1캔을 넣고 쌈장 정도의 농도가 될 때까지 끓이면서 볶는다.

7. 불을 끄고 참기름 1T과 통깨 1T을 넣고 섞는다.

8. 찐 양배추와 함께 곁들여 먹으면 잘 어울린다.

TIP | 양배추 찌는 법
① 찜기 - 물이 끓으면 중불에 6분 이상
② 전자레인지 - 물을 조금 넣고 5분 이상

여름 4주 차 식단표
A WEEK'S MENU

요일	메뉴	장보기 재료 및 단가 (오아시스 기준, 81,130원)		남은 재료
월요일 MON	새우크림카레 오이절임, 달걀국	새우살 양파 달걀 오이 마늘	6,890 2,990 4,100 1,460 4,430	당근
화요일 TUE	소고기된장전골	대파 소고기 샤부샤부용 느타리버섯 팽이버섯	1,980 12,800 990 580	양배추, 양파
수요일 WED	들기름묵은지지짐+두부 양배추부침, 애호박새우젓국	두부 애호박	2,800 1,780	양파, 양배추, 달걀
목요일 THU	닭고기누룽지탕	닭다리살 정육 새송이버섯 청경채 누룽지	13,900 1,700 1,650 3,990	
금요일 FRI	전복솥밥 새송이버섯전, 애호박새우젓국	전복 쪽파	13,700 2,400	마늘, 새송이버섯, 달걀

여름 4주 차 장바구니 목록
SHOPPING LIST

4 WEEK

새우살 300g	6,890원
양파 1.2kg	2,990원
달걀 10개	4,100원
오이 2개	1,460원
마늘 200g	4,430원
대파 500g	1,980원
소고기 샤부샤부용 300g	12,800원
느타리버섯 200g	990원
팽이버섯 150g	580원
두부 300g 2모	2,800원
애호박 1개	1,780원
닭다리살 정육 1kg	13,900원
새송이버섯 400g	1,700원
청경채 200g	1,650원
누룽지 240g	3,990원
전복 5~7미, 320g	13,700원
쪽파 150g	2,400원
합계	**81,130원**

A HOME-COOKED MEAL

월요일
MON

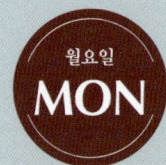

새우크림카레

4주 차

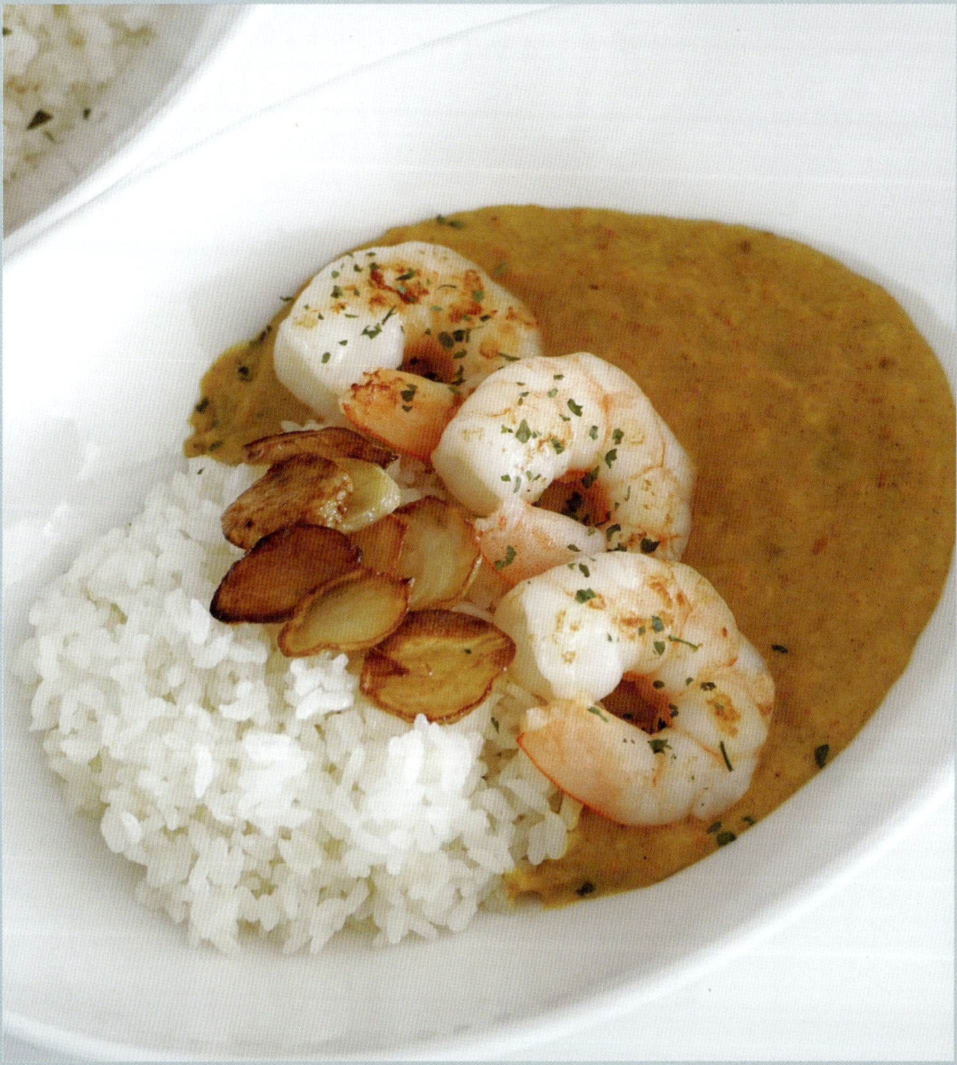

재료 새우살 300g, 양파 2개, 당근 1/2개, 마늘 10개, 우유 500㎖, 올리브유 3T

양념 큐브 카레 4개, 무염버터 30g, 맛술 1T

곁들임 메뉴 : 오이절임(P.253), 달걀국(P.256)

HOW TO MAKE

1. 새우살 300g은 맛술 1T을 넣고 살짝 버무려서 재운다.

2. 마늘 10개는 편 썰고, 양파 2개와 당근 1/2개는 0.2cm 두께로 채 썬다.

3. 팬에 올리브유 1T을 두르고 중불에 채 썬 양파를 먼저 볶다가 양파에 전체적으로 기름이 입혀지면 뚜껑을 닫고 중약불에서 10분 정도 찌듯이 익힌다.

4. 양파가 숨이 죽으면 채 썬 당근을 넣고 같이 볶다가 양파가 노릇해지면 불을 끄고 핸드블렌더로 간다.

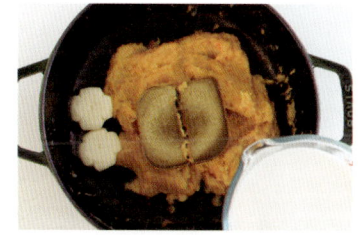

5. 간 양파와 당근에 큐브 카레 4개, 우유 500㎖, 무염버터 30g를 넣고 바닥이 눌어붙지 않게 가끔 저어가면서 중불에 끓인다.

6. 팬에 올리브유 1T을 두르고 새우를 중불에 굽는다.

7. 팬에 올리브유 1T을 두르고 편 썬 마늘을 중불에 튀기듯이 굽는다.

8. 밥 위에 구운 새우와 마늘을 올리고 카레를 부어서 먹는다.

A HOME-COOKED MEAL

소고기된장전골

4주 차

- **재료** 소고기 샤부샤부용 300g, 양배추 1/4통, 대파 1대, 양파 1개(작은 크기), 느타리버섯 1팩, 팽이버섯 1봉지, 물 1ℓ, 가루육수 2포, 다진 마늘 1T
- **양념** 된장 1.5T, 백간장 2T

HOW TO MAKE

1. 대파 1대는 손가락 두 마디 길이로 썰고, 양파 1개는 0.3cm 두께로 채 썬다. 양배추는 한입 크기로 네모나게 썰고, 느타리버섯 1팩과 팽이버섯 1봉지는 밑동을 잘라내고 적당한 두께로 찢는다.

2. 냄비에 물 1ℓ를 붓고 가루육수 2포, 된장 1.5T, 백간장 2T, 다진 마늘 1T 을 넣고 강불에 짧게 끓인다.

3. 냄비에 채 썬 양파, 양배추, 대파, 느타리버섯, 팽이버섯을 가장자리에 둥글게 깔고 가운데 소고기 샤부샤부용 300g을 올린다.

4. 끓인 육수를 붓고 약불에 끓여가면서 먹는다.

   TIP | 마지막에 소면을 넣어 먹어도 잘 어울려요.

A HOME-COOKED MEAL

들기름묵은지지짐
+ 두부

4주 차

- **재료** 묵은지 1/4쪽(큰 배추 기준), 두부 1모, 올리브유 1T, 물 100㎖, 가루육수 1포
- **양념** 설탕 1T, 참치액 1/2T, 들기름 2T

곁들임 메뉴 : 양배추부침(P.249), 애호박새우젓국(P.266)

HOW TO MAKE

1. 팬에 올리브유 1T을 두르고 묵은지 1/4쪽을 올린 다음 설탕 1T, 참치액 1/2T을 넣고 살짝 섞으면서 중강불에 앞뒤를 굽는다.

2. 묵은지 가장자리가 익으면 물 100㎖를 붓고 가루육수 1포를 넣어 뚜껑을 닫은 채로 중불에 15분간 푹 고으듯이 끓인다. 중간에 타지 않는지 확인하면서 익힌다.

3. 두부 1모는 반으로 갈라 1cm 두께로 썬다.

4. 두부를 끓는 물에 살짝 데친다.

5. 묵은지가 푹 익으면 불을 끄고 들기름 2T을 둘러서 잘 섞은 뒤 뚜껑을 닫고 5분간 뜸을 들인다.

5. 데친 두부에 들기름묵은지지짐을 올려서 먹는다.

A HOME-COOKED MEAL

닭고기누룽지탕

4주 차

재료 닭다리살 정육 500g, 새송이버섯 1개, 청경채 3포기, 누룽지 240g, 올리브유 1T, 물 1ℓ, 가루육수 2포

양념 맛술 1T, 백간장 2T, 다진 마늘 1T

HOW TO MAKE

1. 닭다리살 정육 500g은 맛술 1T을 버무려서 재워둔다.

2. 새송이버섯 1개는 반으로 자른 다음 0.2cm 두께로 썰고, 청경채 3포기는 밑동을 잘라낸 후 4등분하고, 마늘 5개는 잘게 다진다.

3. 냄비에 올리브유 1T을 두르고 닭다리살을 껍질부터 중강불에 굽는다.

4. 닭다리살이 익으면 먹기 좋게 자르고 육수 1ℓ(물 1ℓ+가루육수 2포), 백간장 2T, 다진 마늘 1T을 넣고 끓인다.

5. 떠오르는 기름기는 걷어내고 새송이버섯과 청경채를 넣고 5분간 더 끓인다.

6. 누룽지를 원하는 만큼 넣는다. 국물부터 먹으면서 누룽지를 천천히 불리거나, 누룽지를 넣고 좀 더 끓여서 먹어도 된다.

A HOME-COOKED MEAL

전복솥밥

4주 차

- **재료** 전복 5미(320g), 쌀 250㎖, 쪽파 4대, 물 250㎖, 가루육수 1포, 마늘 7개, 버터 20g, 올리브유 2T
- **양념** 맛술 1T, 쯔유 1T

곁들임 메뉴 : 새송이버섯전(P.244), 애호박새우젓국(P.266)

HOW TO MAKE

1. 쌀 250㎖는 물에 씻은 다음 체에 밭쳐서 30분 이상 마른 불림을 한다.

2. 전복 5미는 솔로 깨끗이 닦아내고 이빨을 제거한 뒤 내장은 떼어내서 다지고, 몸통은 절반은 칼집을 내고 나머지는 0.3cm 두께로 썬다.

3. 마늘 7개는 편 썰어서 준비한다.

4. 솥에 다진 전복 내장, 버터 10g 맛술 1T을 함께 넣고 중불에 볶는다.

5. 볶은 전복 내장에 쌀 250㎖를 넣고 물 250㎖를 부은 뒤 가루육수 1포, 쯔유 1T, 올리브유 1T을 넣고 한 번 섞어서 중강불에 5분, 약불에 10분간 끓인다.

6. 팬에 올리브유 1T을 두르고 버터 10g을 녹여서 편 썬 마늘과 전복을 중불에 굽는다.

7. 밥이 다 되면 송송 썬 쪽파, 구운 마늘과 전복을 올리고 뚜껑을 닫아 10분간 뜸을 들인다.

국물삼치찜
스테이크솥밥
제육볶음
연두부애호박덮밥
닭칼국수
콩나물불고기
치킨마크니
파개장
버섯무들깨솥밥
오징어비빔국수
고등어덮밥
닭고기전골
마늘수육
새우미역솥밥
우삼겹숙주볶음
소고기콩나물솥밥
묵은지닭볶음탕
부타동
명란오일파스타
참치김치찌개

가을 한 달 식단표
A MONTHLY MEAL PLAN

	MON	TUE	WED	THU	FRI	장보기 금액
첫째 주	국물삼치찜 오이무침 콩나물국	스테이크솥밥 콩나물국	제육볶음 오이무침 들깨뭇국	연두부애호박덮밥 오이무침 들깨뭇국	닭칼국수	55,370원
둘째 주	콩나물불고기 국물달걀찜 오이냉국	치킨마크니	파개장 애호박전 느타리버섯구이	버섯무들깨솥밥 달걀말이 어묵탕	오징어비빔국수	78,180원

A MONTHLY MEAL PLAN
가을 한 달 식단표

	MON	TUE	WED	THU	FRI	장보기 금액
셋째 주	고등어덮밥 달걀국	닭고기전골	마늘수육	새우미역솥밥 애호박전 콩나물국	우삼겹숙주볶음 오이무침 된장국	74,150원
넷째 주	소고기콩나물솥밥 애호박들깨볶음 들깨미역국	묵은지닭볶음탕 달걀말이 들깨미역국	부타동 감자볶음 콩나물국	명란오일파스타	참치김치찌개 달걀말이 연근조림	70,300원

가을 1주 차 식단표
A WEEK'S MENU

요일	메뉴	장보기 재료 및 단가 (오아시스 기준, 55,370원)		냉장고 속 재료
월요일 **MON**	국물삼치찜 오이무침, 콩나물국	삼치 콩나물 무 오이 청양고추 대파	8,900 900 2,600 1,800 1,080 1,980	마늘
화요일 **TUE**	스테이크솥밥 콩나물국	부채살(쿠팡) 쪽파 양파	10,990 2,400 2,990	마늘
수요일 **WED**	제육볶음 오이무침, 들깨뭇국	돼지고기 앞다리살 깻잎	11,800 1,490	무, 마늘, 양파 대파, 쪽파
목요일 **THU**	연두부애호박덮밥 오이무침, 들깨뭇국	연두부 애호박 팽이버섯	1,760 1,780 550	양파
금요일 **FRI**	닭칼국수	칼국수면	4,350	닭다리살, 당근, 양파, 마늘, 애호박

SHOPPING LIST
가을 1주 차 장바구니 목록

1 WEEK

삼치 350g	8,900원
콩나물 300g	900원
무 1kg 내외	2,600원
오이 2개	1,800원
청양고추 100g	1,080원
대파 500g	1,980원
부채살(쿠팡) 300g	10,990원
쪽파 150g	2,400원
양파 1.2kg	2,990원
돼지고기 앞다리살 500g	11,800원
깻잎 40g	1,490원
연두부 400g	1,760원
애호박 1개	1,780원
팽이버섯 150g	550원
칼국수면 600g	4,350원
합계	**55,370원**

A HOME-COOKED MEAL

국물삼치찜

1주 차

재료 손질 삼치 350g, 무 100g, 청양고추 2개(생략 가능), 육수 100㎖(물 100㎖+가루육수 1포)

양념 진간장 4T, 맛술 2T, 다진 마늘 1T, 생강가루 조금, 매실액 1T, 설탕 1t, 고운 고춧가루 1t, 올리브유 2T

곁들임 메뉴 : 오이무침(P.252), 콩나물국(P.270)

HOW TO MAKE

1. 무 100g은 손가락 두 마디 길이에 0.5cm 두께로 채 썰고, 양념장에 넣을 다진 마늘 1T을 준비한다.

2. 육수 100㎖에 진간장 4T, 맛술 2T, 올리브유 2T, 다진 마늘 1T, 생강가루 조금, 매실액 1T, 설탕 1t을 섞어서 양념장을 만든다.

3. 넓적한 그릇에 채 썬 무를 펼쳐서 깐다.

4. 무 위에 손질 삼치 350g을 얹는다.

5. 삼치 위에 양념장을 붓는다.

6. 고운 고춧가루 1t을 전체적으로 흩뿌린다.

7. 찜기에 물이 끓으면 그릇을 통째로 넣고 뚜껑을 닫아서 13분간 찐다.

A HOME-COOKED MEAL

스테이크솥밥

1주 차

재료 소고기 부채살 300g, 쌀 250㎖, 양파 1/2개, 쪽파 5~6대, 마늘 10개(추가 가능), 버터 20g, 물 250㎖, 가루육수 1포, 올리브유 2T

양념 소금 1/2t, 후춧가루 조금, 쯔유 1T

HOW TO MAKE

1. 쌀 250㎖는 물에 씻은 다음 체에 밭쳐서 30분 이상 마른 불림을 한다.

2. 양파 1/2개는 0.3cm 두께로 채 썬다.

3. 소고기 부채살 300g에 소금 1/2t, 후춧가루 조금, 올리브유 1T을 뿌려서 밑간을 한 후 팬에 버터 20g과 올리브유 1T을 두르고 강불에 앞뒤로 1분씩 2회(총 4분) 굽는다. 두툼한 고기는 옆으로 세워서 굽다가 중불로 낮춰서 원하는 정도로만 익힌 후 레스팅한다.

4. 솥에 쌀을 담고 물 250㎖를 부은 뒤 가루육수 1포, 쯔유 1T, 올리브유 1T을 넣어 살짝 섞고 중강불에 5분, 약불에 10분간 밥을 짓는다.

5. 고기를 구운 팬에 그대로 채 썬 양파와 통마늘 10개를 넣고 중불에 굽는다.

6. 밥이 다 되면 송송 썬 쪽파, 볶은 양파, 구운 소고기, 마늘 순으로 올리고 뚜껑을 닫아 10분간 뜸을 들인다.

A HOME-COOKED MEAL

제육볶음

1주 차

재료 돼지고기 앞다리살(찌개용) 500g, 양파 1개, 깻잎 10장, 대파 1대, 육수(또는 물) 100㎖, 올리브유 1T
양념 진간장 3T, 고추장 2T, 고춧가루 2T, 매실액 1T, 다진 마늘 1T, 후춧가루 조금, 생강가루 조금, 맛술 1T, 설탕 1T

곁들임 메뉴 : 오이무침(P.252), 들깨뭇국(P.260)

HOW TO MAKE

1. 양파 1개와 깻잎 10장은 0.5cm 두께로 채 썰고, 대파 1대는 송송 썰고, 다진 마늘 1T을 준비한다.

2. 진간장 3T, 고추장 2T, 고춧가루 2T, 매실액 1T, 다진 마늘 1T, 후춧가루 조금, 생강가루 조금, 맛술 1T을 섞어서 양념장을 만든다.

3. 팬에 올리브유 1T을 두른 뒤 돼지고기 앞다리살(찌개용) 500g을 올리고 설탕 1T을 뿌려서 섞어가며 중불에 볶는다.

4. 양념장을 넣고 버무리듯 볶다가 육수(또는 물) 100㎖를 붓고 중강불에 끓인다.

5. 양념이 걸쭉해지면 채 썬 양파를 넣고 계속 볶는다.

6. 양파가 충분히 익으면 채 썬 깻잎과 송송 썬 파를 넣고 볶다가 파가 살짝 숨이 죽으면 불을 끈다.

A HOME-COOKED MEAL

연두부애호박덮밥

1주 차

재료 연두부 400g, 애호박 1/2개, 양파 1/2개, 팽이버섯 1개, 올리브유 1T, 물 200㎖, 가루육수 1포, 전분물(전분 2T+물 4T)

양념 새우젓 1/2T, 백간장 2T

곁들임 메뉴 : 오이무침(P.252), 들깨뭇국(P.260)

HOW TO MAKE

1. 애호박은 0.2cm 두께로 반달썰기를 하고, 팽이버섯 1봉지는 밑동을 잘라낸 뒤 절반으로 썰고, 양파 1/2개는 0.2cm 두께로 채 썬다.

2. 팬에 올리브유 1T을 두르고 채 썬 애호박과 양파를 중불에 볶는다.

3. 양파와 애호박이 투명하게 익으면 팽이버섯을 넣고 볶는다.

4. 팽이버섯 숨이 죽으면 물 200㎖를 붓고 가루육수 1포, 새우젓 1/2T, 백간장 2T을 넣어 간을 맞춘 뒤 연두부를 넣고 으깨가면서 끓인다.

5. 전분물(전분 2T+물 4T)을 넣고 빠르게 휘젓는다.

6. 연두부애호박볶음을 밥 위에 올려서 먹는다.

A HOME-COOKED MEAL

닭칼국수

1주 차

재료 닭다리살 정육 500g, 칼국수면 600g, 양파 1/2개, 당근 1/4개, 애호박 1/4개, 물 1.5ℓ, 가루육수 3포
양념 다진 마늘 1T, 백간장 2T, 후춧가루 조금, 치킨스톡 1t, 소금 조금

HOW TO MAKE

1. 양파 1/2개, 당근 1/4개, 애호박 1/4개는 0.3cm 두께로 채 썰고, 다진 마늘 1T을 준비한다.

2. 냄비에 닭다리살 정육 500g을 넣고 중불에 껍질 부위부터 굽는다.

3. 닭이 익으면 먹기 좋게 자른 다음 물 1ℓ를 붓고 채 썬 양파, 당근, 애호박, 가루육수 3포, 다진 마늘 1T, 백간장 2T, 후춧가루 조금, 치킨스톡 1t을 넣고 중강불에 15분간 끓인다.

4. 모자란 간은 소금을 더해서 맞춘다.

5. 물 500㎖를 더 붓고 칼국수면 600g을 전분을 털어내고 넣는다.

6. 면이 투명하게 익으면 바로 먹는다.

가을 2주 차 식단표
A WEEK'S MENU

요일	메뉴	장보기 재료 및 단가 (오아시스 기준, 78,180원)	냉장고 속 재료
월요일 MON	콩나물불고기 국물달걀찜, 오이냉국	대패삼겹살 11,500 콩나물 900 달걀 4,100 마늘 4,430 오이 1,800	대파, 깻잎, 양파
화요일 TUE	치킨마크니	닭다리살 정육 13,900 토마토홀 2,400 우유 2,250	양파
수요일 WED	파개장, 애호박전 느타리버섯구이	애호박 1,780 대파 1,980 소고기 불고기용 12,800 느타리버섯 2,080 콩나물 900	달걀
목요일 THU	버섯무들깨솥밥 어묵탕, 달걀말이	모둠 어묵 5,070	무, 느타리버섯, 달걀 쪽파
금요일 FRI	오징어비빔국수	오징어 슬라이스 7,390 우리밀 국수(소면) 4,900	마늘, 양파, 당근

SHOPPING LIST
가을 2주 차 장바구니 목록

2 WEEK

대패삼겹살 300g	11,500원
콩나물 300g 2팩	1,800원
달걀 10개	4,100원
마늘 200g	4,430원
오이 2개	1,800원
닭다리살 정육 1kg	13,900원
우유 900㎖	2,250원
토마토홀 400g	2,400원
애호박 1개	1,780원
대파 500g	1,980원
소고기 불고기용 300g	12,800원
느타리버섯 200g	2,080원
모둠 어묵 240g	5,070원
오징어 슬라이스 300g	7,390원
우리밀 국수(소면) 400g	4,900원
합계	**78,180원**

A HOME-COOKED MEAL

월요일
MON

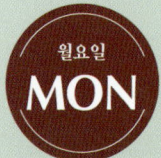

콩나물불고기

2주 차

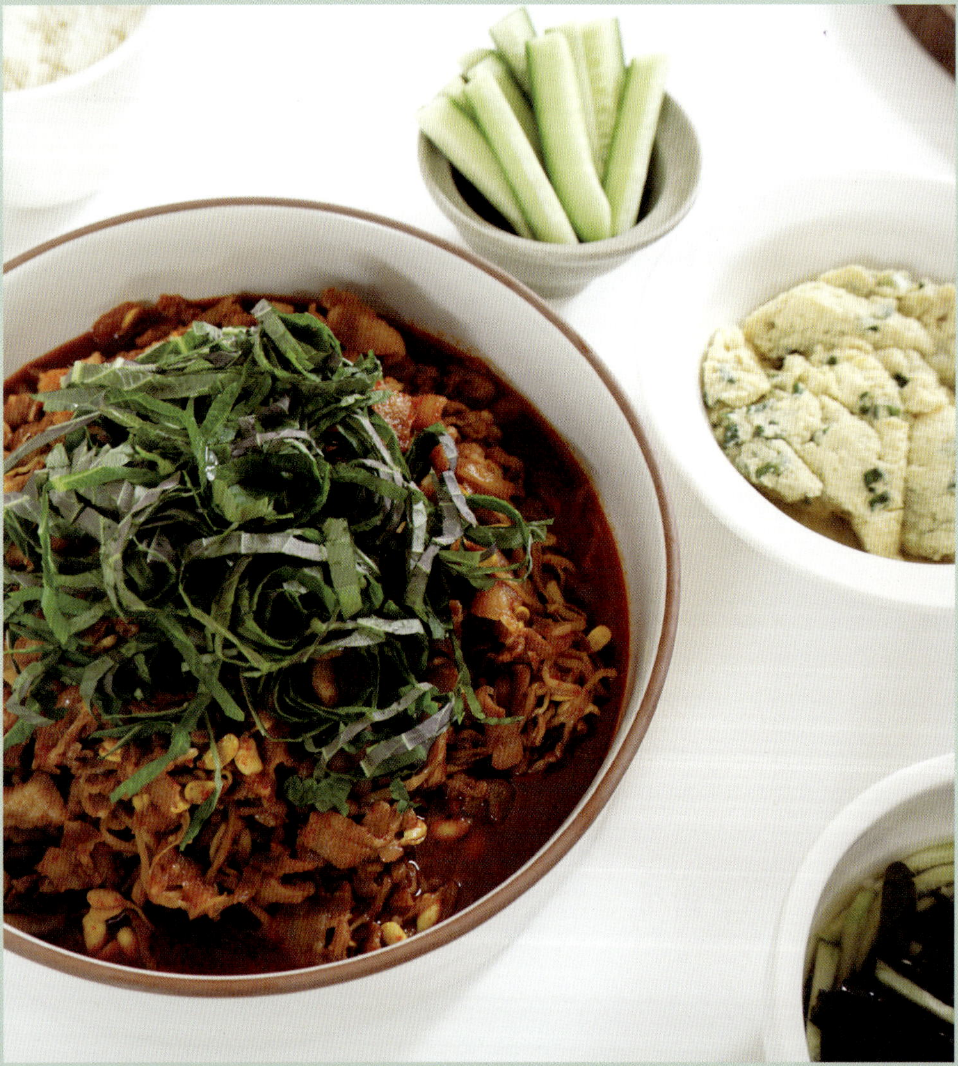

재료 대패삼겹살 500g, 콩나물 300g, 양파 1/2개(중간 크기), 깻잎 7~8장

양념 진간장 3T, 굴소스 1T, 맛술 1T, 알룰로스 1T, 다진 마늘 1T, 후춧가루 조금, 고추장 2T, 고춧가루 2T, 참기름 1T

곁들임 메뉴 : 국물달걀찜(P.230), 오이냉국(P.269)

HOW TO MAKE

1. 콩나물 300g은 깨끗이 씻어서 준비하고, 양파 1/2개(중간 크기), 깻잎 7~8장은 채 썰고, 다진 마늘 1T을 준비한다.

2. 진간장 3T, 굴소스 1T, 맛술 1T, 알룰로스 1T, 다진 마늘 1T, 후춧가루 조금 섞어서 양념장을 만든다.

   TIP | 아이용을 같이 만들지 않는다면 처음부터 고추장과 고춧가루를 함께 넣어 양념장을 만들면 된다.

3. 냄비에 콩나물과 채 썬 양파를 깔고 위에 대패삼겹살 500g을 펼쳐서 가지런히 얹은 다음 양념장을 붓는다.

4. 중불에 끓이다 콩나물과 양파에서 물이 나오면 양념장에 고기를 조리듯이 볶고 아이들이 먹을 분량만큼 덜어낸다.

5. 나머지 콩불에 고추장 2T과 고춧가루 2T을 넣고 중불에 골고루 뒤적인 다음 중강불로 올려 한 번 더 조린다.

6. 불을 끄고 참기름 1T을 둘러서 살짝 섞는다.

7. 그릇에 담아 채 썬 깻잎을 올린다.

A HOME-COOKED MEAL

화요일 TUE

치킨마크니

2주 차

- **재료** 닭다리살 정육 500g, 양파 1개(작은 크기), 토마토홀 200g, 버터 20g, 땅콩버터 1T, 우유 350㎖, 큐브 카레 4개
- **양념** 소금 1t, 후춧가루 조금, 치킨스톡 1t

HOW TO MAKE

1. 닭다리살 정육 500g에 소금 1t과 후춧가루를 조금 넣고 버무려서 밑간을 한다.

2. 양파 1개는 0.3cm 두께로 채 썬다.

3. 팬에 버터 20g을 녹여서 중불에 채 썬 양파를 볶는다.

4. 양파가 갈색을 띠면서 익으면 닭다리살을 껍질 부위부터 놓고 중불에 굽는다.

5. 닭다리살이 골고루 노릇하게 구워지면 먹기 좋게 자르고 닭기름이 충분히 나오면 토마토홀 200g을 넣는다.

6. 국물이 끓기 시작하면 우유 350㎖와 큐브 카레 4개를 넣고 한 번 더 끓인다.

7. 토마토 덩어리가 사라질 정도로 끓으면 땅콩버터 1T과 치킨스톡 1t을 넣어서 풀고 걸쭉해질 정도가 되면 불을 끈다.

8. 잘 구운 난이나 밥과 함께 먹는다.

A HOME-COOKED MEAL

파개장

2주 차

- **재료** 소고기 불고기용 200~300g, 콩나물 300g, 대파 5대, 물 2ℓ, 가루육수 4포, 올리브유 1T
- **양념** 국간장 1T, 참치액 2T, 다진 마늘 1T, 후춧가루 조금, 소금 조금, 참기름 1T

HOW TO MAKE

1. 대파 5대는 손가락 두 마디 길이로 썰고, 다진 마늘 1T을 준비한다.

2. 냄비에 올리브유 1T을 두르고 중불에 파가 숨이 죽을 정도로 볶는다.

3. 소고기 200~300g을 넣고 중불에 충분히 볶는다.

4. 물 1.5ℓ를 붓고 가루육수 4포, 국간장 1T, 참치액 2T, 다진 마늘 1T, 후춧가루 조금 넣어 중강불에 30분 이상 끓인다.

5. 물 0.5ℓ를 추가하고 소금으로 마무리 간을 한다.

6. 콩나물 300g을 넣고 1분간 더 끓인다.(취향에 따라 참기름 1T을 넣어도 좋다.)

A HOME-COOKED MEAL

버섯무들깨솥밥

2주 차

- **재료**: 쌀 250㎖, 느타리버섯 200g, 무 200g, 들깻가루 2T, 물 250㎖, 가루육수 1포, 쪽파 5대, 올리브유 1T
- **양념**: 쯔유 2T, 들기름 1T

곁들임 메뉴 : 달걀말이(P.233), 어묵탕(P.268)

HOW TO MAKE

1. 쌀 250㎖는 물에 씻은 다음 체에 밭쳐서 30분 이상 마른 불림을 한다.

2. 느타리버섯 200g은 밑동을 잘라내고, 무 200g은 느타리버섯과 같은 길이에 0.5cm 두께로 채 썬다.

3. 냄비에 쌀을 담고 물 250㎖를 부은 뒤 가루육수 1포, 느타리버섯, 채 썬 무, 들깻가루 2T을 올리고 쯔유 2T, 올리브유 1T을 넣고 섞은 다음 중강불에 5분, 약불에 10분간 밥을 짓는다.

4. 밥이 다 되면 송송 썬 쪽파를 올리고 뚜껑을 닫아 10분간 뜸을 들인다.

5. 먹기 전에 들기름 1T을 둘러서 골고루 섞는다.

A HOME-COOKED MEAL

오징어비빔국수

2주 차

재료 오징어 슬라이스 300g, 양파 1개, 당근 1/4개, 소면 200g, 올리브유 1T, 통깨 조금

양념 다진 마늘 1T, 진간장 1T, 참치액 1T, 매실액 1T, 알룰로스 0.5T, 고춧가루 1T, 후춧가루 조금, 참기름 1T, 올리브유 1T

HOW TO MAKE

1. 양파 1개는 0.5cm 두께, 당근 1/4개는 0.3cm 두께로 채 썬다.

2. 다진 마늘 1T, 진간장 1T, 참치액 1T, 매실액 1T, 알룰로스 0.5T, 후춧가루 조금, 올리브유 1T, 고춧가루 1T을 섞어서 양념장을 만든다.

3. 볼에 오징어, 채 썬 당근, 양파, 양념장을 한꺼번에 넣고 골고루 버무린다.

4. 소면 200g은 끓는 물에 4분 정도 삶아서 찬물에 씻은 후 체에 밭쳐 둔다.

5. 팬에 올리브유 1T을 두르고 양념장에 버무린 오징어와 채소를 중강불에 볶다가 양파가 투명해지면 불을 끄고 참기름 1T을 둘러서 살짝 섞는다.

6. 접시에 소면을 담고 통깨를 뿌린 뒤 오징어볶음을 곁들여서 함께 비벼 먹는다.

가을 3주 차 식단표
A WEEK'S MENU

요일	메뉴	장보기 재료 및 단가 (오아시스 기준, 74,150원)		냉장고 속 재료
월요일 MON	고등어덮밥 달걀국	고등어살 달걀 마늘 쪽파	9,000 4,100 4,430 2,400	
화요일 TUE	닭고기전골	전골용 야채	3,990	닭다리살 정육, 마늘
수요일 WED	마늘수육	통삼겹살 대파 무농약 적상추 양파	21,000 1,980 2,100 2,590	마늘
목요일 THU	새우미역솥밥 애호박전, 콩나물국	새우살 콩나물 애호박	6,890 900 1,780	양파, 대파, 당근, 마늘 미역
금요일 FRI	우삼겹숙주볶음 오이무침, 된장국	우삼겹살 숙주 오이	9,990 1,200 1,800	마늘, 당근, 대파 양파, 애호박

SHOPPING LIST

3 WEEK

고등어살 400g	9,000원
달걀 10개	4,100원
마늘 200g	4,430원
쪽파 150g	2,400원
전골용 야채 470g	3,990원
통삼겹살 700g	21,000원
대파 500g	1,980원
무농약 적상추 120g	2,100원
양파 500g	2,590원
새우살 300g	6,890원
콩나물 300g	900원
애호박 1개	1,780원
우삼겹살 500g	9,990원
숙주 200g	1,200원
오이 2개	1,800원

합계　　　　　　　　74,150원

A HOME-COOKED MEAL

고등어덮밥

3주 차

- **재료** 고등어살 2토막(약 400g), 마늘 10개, 쪽파 5대, 올리브유 1T
- **양념** 물 7T, 진간장 3T, 맛술 2T, 알룰로스 2T, 후춧가루 조금, 생강가루 조금, 통깨 조금

곁들임 메뉴 : 달걀국(P.256)

HOW TO MAKE

1. 물 7T, 진간장 3T, 맛술 2T, 알룰로스 2T, 후춧가루 조금, 생강가루 조금 섞어서 양념장을 만든다.

2. 마늘 10개는 편을 썰고, 쪽파 5대는 송송 썬다.

3. 팬에 올리브유 1T을 두르고 편 썬 마늘을 중불에 볶는다.

4. 마늘이 노릇하게 구워지면 덜어내고 고등어살 2토막을 올려서 중불에 살짝 노릇해질 때까지 굽는다.

5. 고등어를 앞뒤로 노릇하게 구운 뒤 양념장을 붓는다. 숟가락으로 양념장을 고등어 위에 끼얹어가며 걸쭉해질 때까지 조린다.

6. 밥 위에 송송 썬 쪽파, 조린 고등어, 볶은 마늘을 순서대로 올리고 통깨를 뿌린다.

A HOME-COOKED MEAL

닭고기전골

3주 차

- **재료** 닭다리살 정육 350g, 전골용 야채 470g(알배추 2~3장, 청경채 2~3대, 느타리버섯 한 줌, 팽이버섯 한 줌 등), 올리브유 1T, 물 750㎖, 가루육수 1포
- **양념** 다진 마늘 1T, 쯔유 2T, 치킨스톡 1t

HOW TO MAKE

1. 전골용 야채(알배추 2~3장, 청경채 2~3대, 느타리버섯 한 줌, 팽이버섯 한 줌은 한입 크기로 썰고, 다진 마늘 1T을 준비한다.

2. 팬에 올리브유 1T을 두르고 닭다리살 정육 350g을 껍질 부위부터 중불에 굽는다.

3. 닭고기가 익으면 먹기 좋게 한입 크기로 자른다.

4. 냄비에 손질한 전골용 야채와 구운 닭고기를 가지런히 담고, 가운데 다진 마늘 1T을 놓는다.

5. 물 750㎖를 부은 뒤 가루육수 1포, 쯔유 2T, 치킨스톡 1t을 넣어 간을 맞추고 중강불에 10분간 끓인다. 모자란 간은 소금으로 맞춘다.

A HOME-COOKED MEAL

마늘수육

3주 차

- **재료** 통삼겹살(수육용) 700g, 양파 2개, 대파 2대, 통마늘 10개, 월계수잎 3장, 통후추 1T, 맛술 50㎖
- **양념** 된장 2T, 버터 20g, 다진 마늘 3T, 물 2T, 꿀 2T, 식초 1/2T, 백간장 1T, 참기름 1T

HOW TO MAKE

1. 양파 2개는 1.5cm 두께로 가로로 썬다.

2. 통삼겹살 700g에 된장 2T을 얇게 바른다.

3. 두꺼운 냄비에 양파를 먼저 깔고 된장 바른 통삼겹살을 놓는다.

4. 통삼겹살 위에 통마늘 10개와 큼직하게 썬 대파 2대, 월계수잎 3장, 통후추 1T, 맛술 50㎖를 넣고 뚜껑을 닫아 중불에 30분간 삶는다. 고기 가운데 부분을 잘라보고 안 익었으면 좀 더 삶는다.

5. 냄비에 버터 20g, 다진 마늘 3T, 물 2T, 꿀 2T, 식초 1/2T, 백간장 1T을 넣고 중불에 끓어오르면 불을 끄고 참기름 1T을 섞는다.

6. 수육을 먹기 좋은 두께로 썰고, 마늘 소스를 끼얹어서 먹는다.

A HOME-COOKED MEAL

새우미역솥밥

3주 차

- **재료** 마른미역 15g, 새우살 300g, 버터 10g, 쌀 250㎖, 물 250㎖, 가루육수 1포
- **양념** 쯔유 1T, 올리브유 3T, 참치액 1T, 참기름 1T

곁들임 메뉴 : 애호박전(P.248), 콩나물국(P.270)

HOW TO MAKE

1. 쌀 250㎖는 물에 씻은 다음 체에 밭쳐서 30분 이상 마른 불림을 한다.

2. 마른미역 15g은 물에 담가 충분히 불린 뒤 깨끗이 헹궈서 물기를 꼭 짜낸다.

3. 팬에 올리브유 1T을 두르고 불린 미역과 참치액 1T을 넣고 볶는다.

4. 미역이 흐물흐물하게 익으면 불린 쌀, 물 250㎖, 가루육수 1포, 쯔유 1T, 올리브유 1T을 넣고 골고루 섞은 뒤 중강불에 5분, 약불에 10분간 밥을 짓는다.

5. 팬에 올리브유 1T을 두르고 버터 10g을 녹여서 중불에 새우살 300g을 굽는다.

6. 밥이 다 되면 구운 새우를 얹고 참기름 1T을 두른 뒤 뚜껑을 닫아 10분간 뜸을 들인다.

A HOME-COOKED MEAL

우삼겹숙주볶음

3주 차

- **재료**: 우삼겹살 500g, 숙주 200g, 대파 푸른 부분 1대, 당근 1/4개, 올리브유 1T
- **양념**: 설탕 1T, 참기름 1T, 통깨 조금, 굴소스 3T, 진간장 2T, 맛술 1T, 다진 마늘 1T, 후춧가루 조금

곁들임 메뉴 : 오이무침(P.252), 된장국(P.258)

HOW TO MAKE

1. 대파 푸른 부분 1대, 당근 1/4개는 숙주 두께로 채 썰고, 다진 마늘 1T을 준비한다.

2. 굴소스 3T, 진간장 2T, 맛술 1T, 다진 마늘 1T, 후춧가루 조금 섞어서 양념장을 만든다.

3. 팬에 올리브유 1T을 두르고 우삼겹살 500g과 설탕 1T을 넣어 중불에 섞어가면서 볶는다.

4. 우삼겹살 기름이 빠져나오기 시작하면 양념장을 넣는다.

5. 우삼겹살에 양념장이 배어 들면 채 썬 당근을 넣고 함께 볶는다.

6. 당근이 익으면 채 썬 대파와 숙주 200g을 넣고 뒤적이면서 살짝만 익힌다.

7. 불을 끄고 참기름 1T을 둘러서 살짝 섞는다.

8. 접시에 담고 통깨를 뿌린다.

가을 4주 차 식단표
A WEEK'S MENU

요일	메뉴	장보기 재료 및 단가 (오아시스 기준, 70,300원)		냉장고 속 재료
월요일 MON	소고기콩나물솥밥 애호박들깨볶음, 들깨미역국	소고기 다짐육 콩나물 애호박 쪽파	10,300 900 1,780 2,450	미역
화요일 TUE	묵은지닭볶음탕 달걀말이, 들깨미역국	달걀 닭고기 볶음탕용 마늘	4,100 6,000 4,430	대파
수요일 WED	부타동 감자볶음, 콩나물국	대패삼겹살 감자 양파	11,500 1,600 2,990	달걀, 대파, 당근, 쪽파
목요일 THU	명란오일파스타	명란 깻잎	7,200 1,490	달걀, 스파게티면, 마늘
금요일 FRI	참치김치찌개 달걀말이, 연근조림	참치 두부 연근	3,860 2,800 8,900	달걀, 대파, 양파

4 WEEK

품목	가격
소고기 다짐육 300g	10,300원
콩나물 300g	900원
애호박 1개	1,780원
쪽파 200g	2,450원
달걀 10개	4,100원
닭고기 볶음탕용 800g	6,000원
마늘 200g	4,430원
대패삼겹살 300g	11,500원
감자 300g	1,600원
양파	2,990원
명란 150g	7,200원
깻잎 30장	1,490원
캔참치 150g 1통	3,860원
두부 300g 2모	2,800원
연근 400g	8,900원
합계	**70,300원**

A HOME-COOKED MEAL

소고기콩나물솥밥

4주 차

재료 쌀 250㎖, 소고기 다짐육 200g, 콩나물 200g, 쪽파 5대, 물 250㎖, 가루육수 1포, 올리브유 2T

양념 다진 마늘 1T, 진간장 2T, 굴소스 1T, 맛술 1T, 매실액 1T, 알룰로스 0.5T, 쯔유 1/2T, 참기름 1T

곁들임 메뉴 : 애호박들깨볶음(P.247), 들깨미역국(P.261)

HOW TO MAKE

1. 쌀 250㎖는 물에 씻은 다음 체에 밭쳐서 30분 이상 마른 불림을 한다.

2. 소고기 다짐육 200g에 진간장 2T, 굴소스 1T, 다진 마늘 1T, 맛술 1T, 매실액 1T, 알룰로스 0.5T을 넣고 버무려서 양념을 한다.

3. 솥에 쌀을 담고 물 250㎖를 부은 후 가루육수 1포, 쯔유 1/2T, 올리브유 1T을 넣어서 살짝 섞은 다음 콩나물 200g을 올리고 뚜껑을 닫아 중강불에 5분, 약불에 10분간 밥을 짓는다.

4. 팬에 올리브유 1T을 두르고 양념한 소고기를 중강불에 볶다가 마지막에 강불로 올려 수분을 날리면서 한 번 더 볶는다.

5. 불을 끄고 참기름 1T을 둘러서 살짝 섞는다.

6. 밥이 다 되면 송송 썬 쪽파, 볶은 소고기를 순서대로 올리고 뚜껑을 닫아서 10분간 뜸을 들인다.

A HOME-COOKED MEAL

묵은지닭볶음탕

4주 차

- **재료** 닭고기 볶음탕용 800g, 묵은지 1/4포기, 대파 1대, 올리브유 1T, 물 400㎖, 가루육수 1포
- **양념** 고추장 1T, 고춧가루 2T, 진간장 2T, 다진 마늘 1T, 김치 국물 1국자, 후춧가루 조금, 설탕 1T, 맛술 1T

곁들임 메뉴 : 달걀말이(P.233), 들깨미역국(P.261)

HOW TO MAKE

1. 냄비에 닭고기 볶음탕용 800g을 담고 물을 잠길 정도로 부어서 중강불에 5분간 데친다.

2. 고추장 1T, 고춧가루 2T, 진간장 2T, 다진 마늘 1T, 김치 국물 1국자, 후춧가루 조금 섞어서 양념장을 만든다.

3. 다른 냄비에 올리브유 1T을 두르고 데친 닭고기, 설탕 1T, 맛술 1T을 넣고 잘 뒤적이며 중불에 볶는다.

4. 닭기름이 나오기 시작하면 묵은지 1/4포기, 양념장, 물 400㎖, 가루육수 1포를 넣고 뚜껑을 닫아 중강불에 20분간 팔팔 끓인다. 중간중간 바닥에 눌어붙지 않는지 확인한다.

5. 어슷 썬 대파를 넣고 뚜껑을 연 채로 국물을 졸이면서 중강불에 5분간 더 끓인다.

A HOME-COOKED MEAL

부타동

4주 차

재료 대패삼겹살 300g, 양파 1개(작은 크기), 대파 1대, 쪽파 3대, 달걀노른자 3개, 올리브유 1T
양념 쯔유 2T, 진간장 3T, 맛술 2T, 알룰로스 1T, 매실액 1T, 생강가루 조금, 설탕 1T

곁들임 메뉴 : 감자볶음(P.228), 콩나물국(P.270)

HOW TO MAKE

1. 양파 1개(작은 크기)는 1cm 두께로 채 썰고, 대파 1대는 손가락 2마디 길이로 썰고, 다진 마늘 1T을 준비한다.

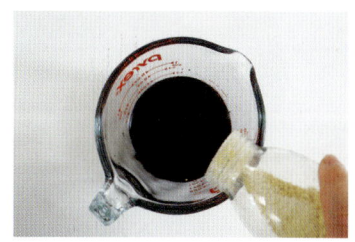

2. 쯔유 2T, 진간장 3T, 맛술 1T, 알룰로스 1T, 매실액 1T, 생강가루 조금 섞어서 양념장을 만든다.

3. 팬에 올리브유 1T을 두르고 길게 썬 대파와 다진 마늘 1T을 먼저 볶는다.

4. 파가 흐물해질 정도로 익으면 대패삼겹살 300g, 설탕 1T, 맛술 1T을 넣고 같이 볶는다.

5. 고기가 노릇노릇하게 구워지면 채 썬 양파를 넣고 한 번 더 볶는다.

6. 양파가 투명해질 정도로 익으면 양념장과 물 100㎖를 넣고 국물이 없어질 때까지 조린다.

7. 밥 위에 볶은 대패삼겹살과 채소를 올리고 달걀노른자를 얹은 다음 쪽파를 잘게 썰어서 뿌린다.

A HOME-COOKED MEAL

목요일
THU

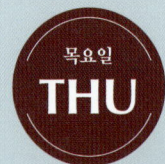

명란오일파스타

4주 차

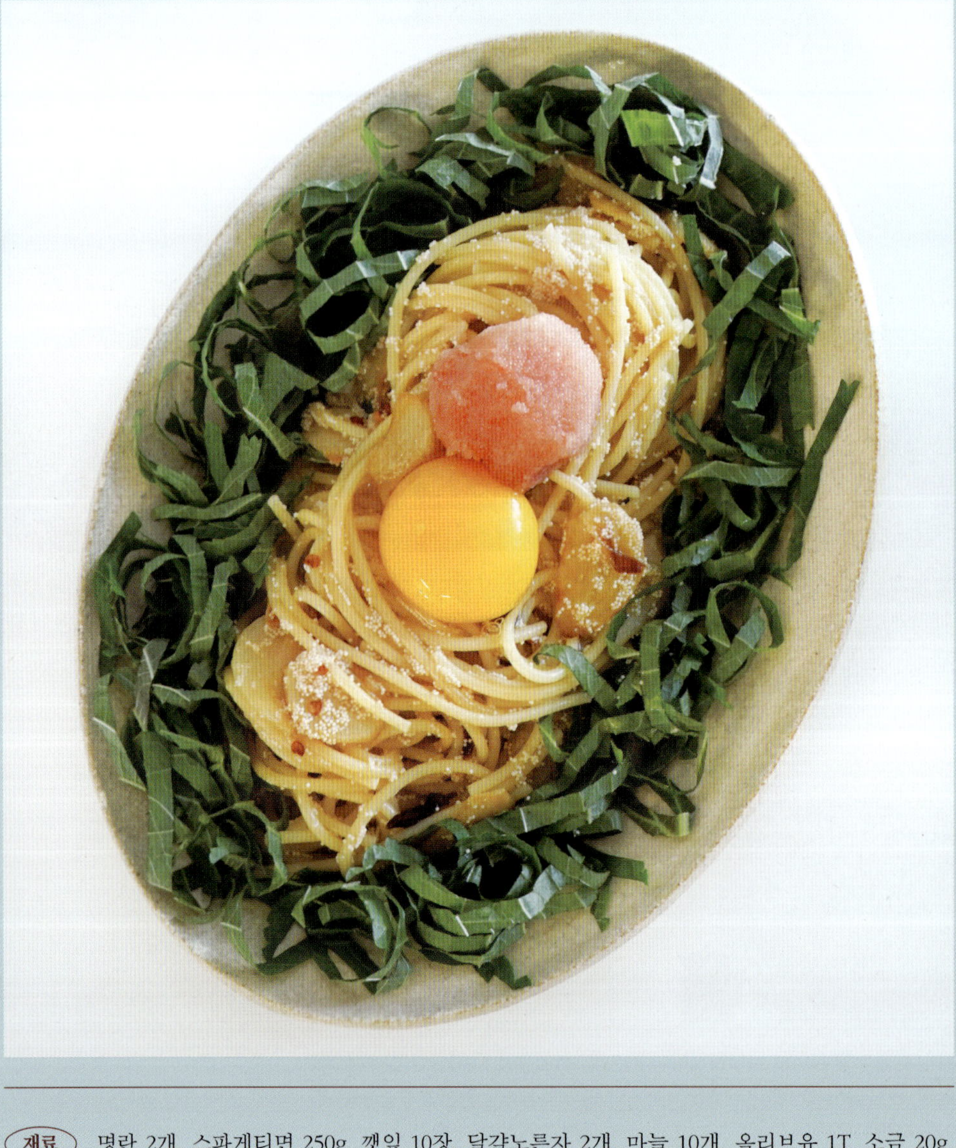

재료 명란 2개, 스파게티면 250g, 깻잎 10장, 달걀노른자 2개, 마늘 10개, 올리브유 1T, 소금 20g, 페페론치노 3~4개, 물 2ℓ

양념 참치액 2/3T

HOW TO MAKE

1. 마늘 10개는 편 썰고, 깻잎 10장은 0.3cm 두께로 채 썬다.

2. 명란 2개는 칼등으로 밀어 알만 발라낸다.

3. 물 2ℓ에 올리브유 1T, 소금 20g을 넣고 끓으면 스파게티면 250g을 넣어 중강불에 삶는다.

4. 팬에 올리브유 5T을 두르고 편 썬 마늘, 페페론치노 3~4개를 중불에 볶는다.

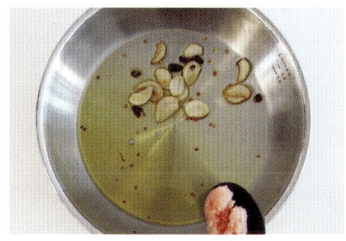

5. 명란 2/3를 넣고 같이 볶는다.

6. 면이 90% 정도 삶아지면 건져내서 팬에 넣고 면수 2국자와 참치액 2/3T을 더해서 면이 완전히 익을 때까지 볶는다.

7. 접시에 명란파스타를 담고 달걀노른자와 남은 명란을 얹은 뒤, 가장자리에 채 썬 깻잎을 가지런히 올린다.

A HOME-COOKED MEAL

금요일 **FRI**

참치김치찌개

4주 차

- **재료** 묵은지 1/4포기(약 180g), 양파 1개(작은 크기), 대파 1대, 청양고추(생략 가능), 두부 1/2모, 캔참치 1통(85g), 물 500㎖, 가루육수 1포, 올리브유 1t, 들기름 1t
- **양념** 설탕 1T, 국간장 1T, 참치액 1T

곁들임 메뉴 : 달걀말이(P.233), 연근조림(P.251)

HOW TO MAKE

1. 묵은지 1/4포기(약 180g)는 먹기 좋은 크기로 자른다.

2. 양파 1개는 0.3cm 두께로 채 썬다.

3. 냄비에 올리브유 1t, 들기름 1t을 두른 뒤 묵은지와 설탕 1T을 넣고 중약불에 볶는다.

4. 묵은지가 살짝 익으면 채 썬 양파를 넣고 볶는다.

5. 양파가 투명하게 익기 시작하면 물 500㎖를 붓고 가루육수 1포, 국간장 1T, 참치액 1T을 넣어 중강불에 10분간 끓인다.

6. 납작하게 썬 두부 1/2모와, 캔참치 1통을 넣고 5분 더 끓인다.

7. 송송 썬 대파 1대, 청양고추(생략 가능)를 넣고 한 번 더 살짝 끓인다.

가리비미역국
간장마늘치킨
가리비파스타
목살꽈리고추조림
소고기우엉솥밥
꼬막비빔밥
오리로스
소고기감자덮밥
참치미역솥밥
떡만둣국+소고기꾸미
두부참치짜글이
옥수수불고기솥밥
해물탕
맥적구이
잡채
목살찹스테이크덮밥
훈제오리솥밥
연어솥밥
차돌박이깻잎파스타
새우완자탕

겨울 한 달 식단표
A MONTHLY MEAL PLAN

	MON	TUE	WED	THU	FRI	장보기 금액
첫째 주	가리비미역국 대파닭구이 감자볶음	간장마늘치킨 감자볶음 달걀국	가리비파스타	목살꽈리고추조림 어묵볶음 달걀국	소고기우엉솥밥 시금치나물 콩나물국	77,220원
둘째 주	꼬막비빔밥	오리로스 부추무침 애호박새우젓국	소고기감자덮밥 부추달걀국	참치미역솥밥 콩나물무침 된장국	떡만둣국 +소고기꾸미	63,990원

겨울 한 달 식단표
A MONTHLY MEAL PLAN

	MON	TUE	WED	THU	FRI	장보기 금액
셋째 주	두부참치짜글이	옥수수불고기솥밥 연근조림 메추리알장조림	해물탕	맥적구이 부추무침 애호박순두부국	잡채	91,950원
넷째 주	목살찹스테이크 덮밥	훈제오리솥밥 표고버섯볶음 된장국	연어솥밥 애호박순두부국	차돌박이 깻잎파스타	새우완자탕 소시지볶음	89,470원

겨울 1주 차 식단표
A WEEK'S MENU

요일	메뉴	장보기 재료 및 단가 (오아시스 기준, 77,220원)		냉장고 속 재료
월요일 MON	가리비미역국 대파닭구이, 감자볶음	자숙 가리비살 닭다리살 정육 감자 대파	9,900 13,900 1,600 1,980	당근, 양파, 미역
화요일 TUE	간장마늘치킨 감자볶음, 달걀국	달걀	4,100	닭다리살 정육, 마늘 대파
수요일 WED	가리비파스타	스파게티면 쪽파	2,800 2,400	가리비살, 마늘
목요일 THU	목살꽈리고추조림 어묵볶음, 달걀국	돼지고기 목살 꽈리고추 어묵	13,800 1,850 4,500	달걀, 대파, 마늘
금요일 FRI	소고기우엉솥밥 시금치나물, 콩나물국	소고기 불고기용 우엉 콩나물 시금치	12,800 4,900 900 1,790	대파, 마늘, 쪽파

겨울 1주 차 장바구니 목록
SHOPPING LIST

1 WEEK

자숙 가리비살 500g	9,900원
닭다리살 정육 1kg	13,900원
감자 300g	1,600원
대파 500g	1,980원
달걀 10개	4,100원
스파게티면 500g	2,800원
쪽파 150g	2,400원
돼지고기 목살 500g(목심구이용)	13,800원
꽈리고추 100g	1,850원
어묵(순살네모어묵) 190g	4,500원
소고기 불고기용 300g	12,800원
우엉 120g	4,900원
콩나물 300g	900원
시금치 200g	1,790원
합계	**77,220원**

A HOME-COOKED MEAL

월요일
MON

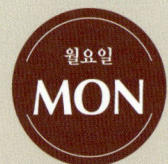

가리비미역국

1주 차

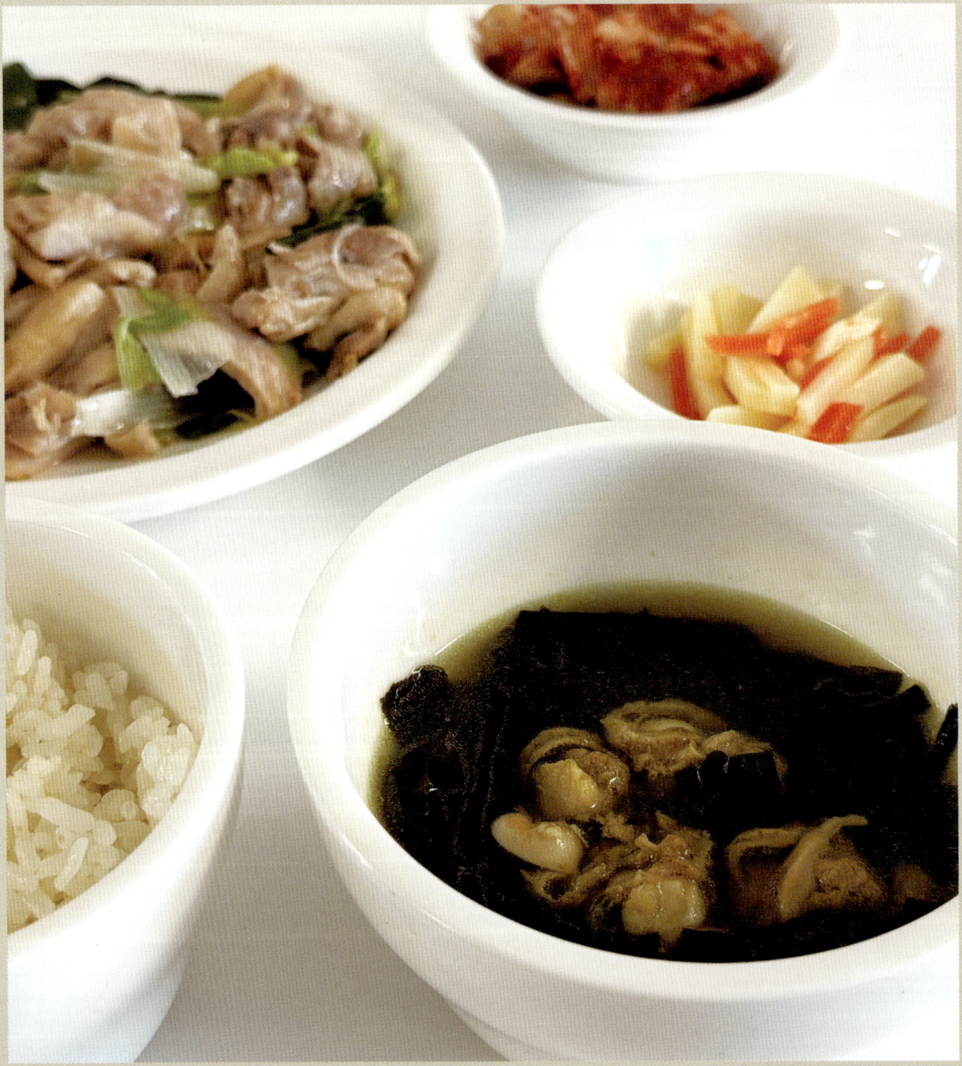

재료 자숙 가리비살 200g, 마른미역 20g , 올리브유 2/3t, 참기름 2/3t, 물 1.5ℓ, 가루육수 3포

양념 참치액 1T, 국간장 1T, 소금 조금

곁들임 메뉴 : 대파닭구이(P.234), 감자볶음(P.228)

HOW TO MAKE

1. 마른미역 20g을 물에 담가서 20분 정도 불린 후 여러 차례 헹궈서 물기를 꼭 짜낸다.

2. 냄비에 올리브유 2/3t과 참기름 2/3t을 두르고 불려놓은 미역, 참치액 1T을 넣고 중불에 볶는다.

3. 미역이 흐물흐물해지면 물 1ℓ, 가루육수 3포, 국간장 1T을 넣고 중불에 20분간 끓인다.

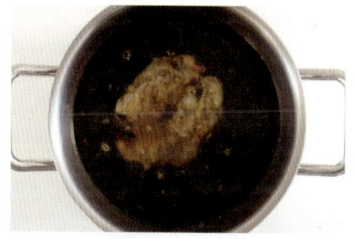

4. 물 500㎖와 자숙 가리비살 200g을 넣고 중약불에 10분 더 끓인다.

5. 모자란 간은 소금을 더해서 맞춘다.
   TIP | 취향에 따라 참기름을 추가한다.

A HOME-COOKED MEAL

간장마늘치킨

1주 차

재료 닭다리살 정육 500g, 마늘 15개, 대파 2대, 올리브유 1T, 통깨 조금

양념 진간장 1.5T, 굴소스 1T, 물엿 1T, 맛술 1T, 설탕 1T

곁들임 메뉴 : 감자볶음(P.228), 달걀국(P.256)

HOW TO MAKE

1. 대파 2대는 손가락 2마디 길이로 썰고, 마늘 15개는 편을 썬다.

2. 진간장 1.5T, 굴소스 1T, 물엿 1T, 맛술 1T을 섞어서 양념장을 만든다.

3. 팬에 올리브유 1T을 두른 후 닭다리살 정육 500g을 껍질부터 놓고 설탕 1T을 섞으면서 중불에 굽는다.

4. 닭고기 기름이 충분히 나오면서 구워지면 먹기 좋게 자르고 편 썬 마늘과 대파를 넣어 함께 볶는다.

5. 대파 숨이 죽으면 양념장을 붓고 볶으면서 꾸덕해질 정도로 조린다.

6. 접시에 간장마늘치킨을 담고 통깨를 뿌린다.

A HOME-COOKED MEAL

가리비파스타

1주 차

재료 자숙 가리비살 300g, 마늘 10개, 스파게티면 300g, 쪽파 5대, 페페론치노 3~4개, 올리브유 4T, 물 2ℓ, 파르미지아노 레지아노 치즈 조금

양념 소금 20g, 참치액 1T

HOW TO MAKE

1. 마늘 10개는 편을 썰고, 쪽파 5대는 잘게 송송 썬다.

2. 자숙 가리비살 300g은 따로 준비한다.

3. 팬에 올리브유 3T을 두르고 편 썬 마늘과 페페론치노 3~4개를 볶는다.(아이들이 매운 걸 못 먹는다면 페페론치노는 생략)

4. 냄비에 물 2ℓ를 끓여서 올리브유 1T과 소금 20g을 넣고 스파게티면을 6분간 삶는다.

5. 마늘이 노릇하게 구워지면 가리비살과 참치액 1T을 넣는다.

6. 삶은 스파게티면과 면수 3국자를 넣고 섞어가면서 골고루 3분 정도 볶는다.

7. 접시에 가리비파스타를 담고 송송 썬 쪽파를 올린 뒤 파르미지아노 레지아노 치즈를 갈아서 골고루 뿌린다.

A HOME-COOKED MEAL

목살꽈리고추조림

1주 차

- **재료**   돼지고기 목살 500g, 꽈리고추 100g, 올리브유 1T
- **양념**   식초 1T, 다진 마늘 1T, 진간장 2T, 굴소스 1T, 맛술 1T, 생강가루 조금, 후춧가루 조금, 설탕 1T, 물엿 1T

곁들임 메뉴 : 어묵볶음(P.250), 달걀국(P.256)

HOW TO MAKE

1. 꽈리고추 100g은 식초 1T을 섞은 물에 5분간 담갔다가 헹구고 꼭지 부분에 젓가락으로 구멍을 뚫는다.

2. 다진 마늘 1T, 진간장 2T, 굴소스 1T, 맛술 1T, 생강가루 조금, 후춧가루 조금 섞어서 양념장을 만든다.

3. 팬에 올리브유 1T을 두르고 돼지고기 목살 500g을 설탕 1T을 뿌려서 중불에 굽는다.

4. 목살이 구워지면 먹기 좋게 자르고 고기가 거의 다 익어갈 때 양념장을 부어서 골고루 섞는다.

5. 꽈리고추를 넣고 같이 조린다.
   TIP | 아이용은 미리 덜어내고 꽈리고추를 넣는다.

6. 마지막에 물엿 1T을 둘러서 골고루 뒤적이고 불을 끈다.

A HOME-COOKED MEAL

소고기우엉솥밥

1주 차

- **재료** 쌀 250㎖, 소고기 불고기용 300g, 우엉 120g, 쪽파 5대, 버터 10g, 물 250㎖, 가루육수 1포, 식초 1T, 올리브유 2T
- **양념** 다진 마늘 1T, 진간장 3T, 맛술 1T, 매실액 1T, 알룰로스 0.5T

곁들임 메뉴 : 시금치나물(P.246), 콩나물국(P.270)

HOW TO MAKE

1. 쌀 250㎖는 물에 씻은 다음 체에 밭쳐서 30분 이상 마른 불림을 한다.

2. 소고기 불고기용 300g에 다진 마늘 1T, 진간장 3T, 맛술 1T, 매실액 1T, 알룰로스 0.5T을 넣고 골고루 버무린다.

3. 우엉 120g을 식초 1T을 섞은 물에 담근다.

4. 솥에 불린 쌀을 담고 물 250㎖를 부은 뒤 가루육수 1포, 올리브유 1T을 넣고 살짝 섞어서 중강불에 5분, 약불에 10분간 밥을 짓는다.

5. 팬에 올리브유 1T을 두르고 양념한 소고기와 우엉을 중불에 볶다가 고기가 다 익으면 중강불로 올려 수분을 날리면서 볶는다.

6. 밥이 다 되면 송송 썬 쪽파, 볶은 우엉과 소고기를 펼쳐서 올리고 버터 10g을 가운데 얹어서 뚜껑을 닫고 10분간 뜸을 들인다.

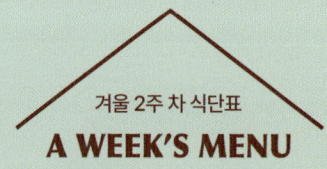

겨울 2주 차 식단표
A WEEK'S MENU

요일	메뉴	장보기 재료 및 단가 (오아시스 기준, 63,990원)	냉장고 속 재료
월요일 MON	꼬막비빔밥	자숙 꼬막살 13,400 마늘 4,430 부추 1,480	
화요일 TUE	오리로스, 부추무침 애호박새우젓국	생오리 정육 10,900 팽이버섯 550 양파 2,590 애호박 1,780	마늘, 부추
수요일 WED	소고기감자덮밥 부추달걀국	소고기 다짐육 10,300 감자 1,600 달걀 4,100	부추
목요일 THU	참치미역솥밥 콩나물무침, 된장국	캔참치 3,860 콩나물 900	애호박, 양파, 미역
금요일 FRI	떡만둣국+소고기꾸미	물만두 4,900 떡국떡 3,200	마늘, 대파, 달걀

SHOPPING LIST

2 WEEK

자숙 꼬막살 400g	13,400원
마늘 200g	4,430원
부추 200g	1,480원
생오리 정육 500g	10,900원
팽이버섯 150g	550원
양파 1kg	2,590원
애호박 1개	1,780원
소고기 다짐육 300g	10,300원
감자 300g(한끼감자)	1,600원
달걀 10개	4,100원
캔참치 150g	3,860원
콩나물 300g	900원
물만두 530g	4,900원
떡국떡 500g	3,200원
합계	**63,990원**

A HOME-COOKED MEAL

꼬막비빔밥

2주 차

재료 자숙 꼬막살 400g, 부추 한 줌
양념 진간장 2T, 참치액 1T, 매실액 1T, 맛술 1T, 다진 마늘 0.5T, 고춧가루 1.5T, 깨 2T

HOW TO MAKE

1. 진간장 2T, 참치액 1T, 매실액 1T, 맛술 1T, 다진 마늘 0.5T, 고춧가루 1.5T, 깨 1T을 섞어서 양념장을 만든다.

2. 깊은 볼에 자숙 꼬막살 400g과 부추 한 줌을 송송 썰어서 담는다.

3. 꼬막과 부추에 양념장을 붓고 골고루 버무린다.

4. 밥 위에 꼬막무침을 올리고 깨 1T을 뿌려서 비벼 먹는다.

A HOME-COOKED MEAL

오리로스

2주 차

- **재료**: 생오리 정육 500g, 양파 1/2개(중간 크기), 부추 한 줌, 팽이버섯 1봉지, 마늘 10개
- **양념**: 소금 1t, 후춧가루 조금, 맛술 1T, 다진 마늘 1/2T, 식초 1T, 매실액 1T, 알룰로스 1T, 고추장 2T, 들깻가루 1T, 참기름 0.5T

곁들임 메뉴 : 부추무침(P.242), 애호박새우젓국(P.266)

HOW TO MAKE

1. 생오리 정육 500g은 키친타월로 눌러서 핏물을 닦아내고 소금 1t, 후춧가루 조금, 맛술 1T을 버무려서 재워둔다.

2. 팽이버섯 1봉지는 밑동을 잘라낸 다음 반으로 썰고, 부추 한 줌도 팽이버섯 길이에 맞춰 썬다. 양파 1/2개는 채 썰고, 다진 마늘 1/2T을 준비하고, 마늘 10개는 편을 썬다.

3. 다진 마늘 1/2T, 식초 1T, 매실액 1T, 알룰로스 1T, 고추장 2T, 들깻가루 1T, 참기름 0.5T을 섞어서 양념장을 만든다.

4. 팬에 오리고기를 먼저 볶다가 기름이 나오기 시작하면 편 썬 마늘과 채 썬 양파를 넣고 볶는다.

5. 오리고기가 다 익어갈 때쯤 썰어둔 부추와 팽이버섯을 넣고 살짝 익을 정도로 볶는다.

6. 다 익은 오리고기를 양념장과 함께 곁들여 낸다.

A HOME-COOKED MEAL

소고기감자덮밥

2주 차

재료 소고기 다짐육 200g, 감자 300g, 다진 마늘 1T, 올리브유 1T, 물 200㎖, 가루육수 1포, 전분물(전분 1T+물 2T), 통깨 조금

양념 맛술 1T, 후춧가루 조금, 진간장 3T, 굴소스 1T, 알룰로스 3T, 참기름 1T

곁들임 메뉴 : 부추달걀국(P.263)

HOW TO MAKE

1. 감자 300g은 가로세로 1cm 크기로 깍둑썰기를 한다.

2. 팬에 올리브유 1T을 두르고 다진 마늘 1T을 중불에 볶는다.

3. 마늘 향이 올라오면 소고기 다짐육 200g, 맛술 1T, 후춧가루 조금 넣고 볶는다.

4. 소고기가 익으면 깍둑 썬 감자와 진간장 3T, 굴소스 1T, 알룰로스 3T을 넣고 섞어가면서 볶는다.

5. 양념이 전체적으로 잘 섞이면 육수 200㎖(물 200㎖+가루육수 1포)를 넣고 중불에 간간이 뒤적여가며 볶는다.

6. 감자가 다 익으면 전분물(전분 1T+물 2T)을 넣고 빠르게 휘저은 뒤 불을 끈다.

7. 참기름 1T을 두르고 통깨를 뿌린다.

8. 밥 위에 소고기감자볶음을 올려서 먹는다.

A HOME-COOKED MEAL

참치미역솥밥

2주 차

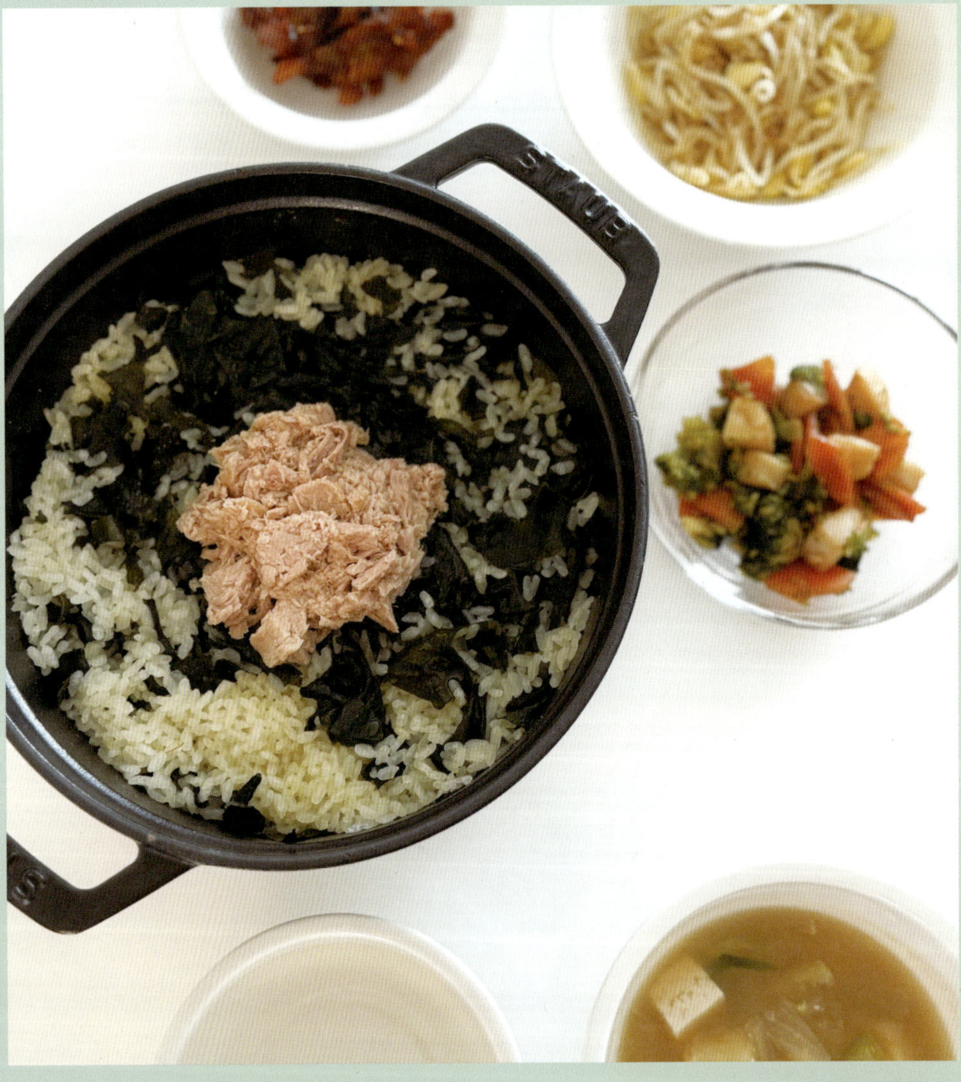

재료 쌀 250㎖, 마른미역 15g, 캔참치 1통(85g), 참기름 1T, 물 250㎖, 가루육수 1포, 올리브유 1T
양념 참치액 1T, 쯔유 1T

곁들임 메뉴 : 콩나물무침(P.254), 된장국(P.258)

HOW TO MAKE

1. 쌀 250㎖는 물에 씻은 다음 체에 받쳐서 30분 이상 마른 불림을 한다.

2. 마른미역 15g을 물에 담가 불린 다음 깨끗이 헹궈서 물기를 꼭 짜낸다.

3. 냄비에 올리브유 1T을 두르고 불린 미역을 참치액 1T을 넣고 볶는다.

4. 미역이 흐물해지면 불린 쌀, 물 250㎖, 가루육수 1포, 쯔유 1T을 넣고 섞어서 중강불에 5분, 약불에 10분간 밥을 짓는다.

5. 15분 뒤 캔참치를 얹고 뚜껑을 닫아 10분간 뜸을 들인다.

6. 다 된 밥 위에 참기름 1T을 두른다.

A HOME-COOKED MEAL

금요일
FRI

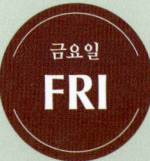

떡만둣국+소고기꾸미

2주 차

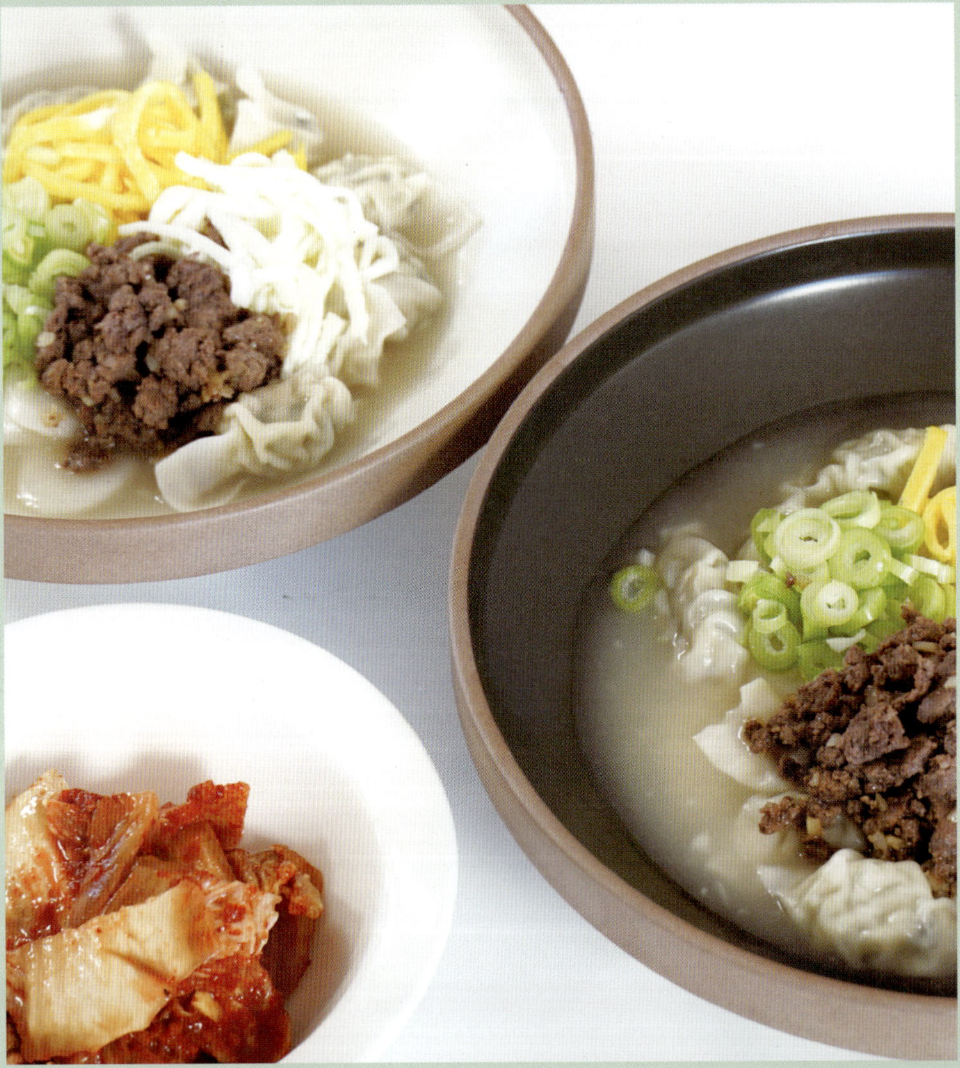

(재료) 소고기 다짐육 100g, 물만두 350g, 떡 300g, 달걀 3개, 파 1대, 물 1.2ℓ, 가루육수 2포, 올리브유 1T

(양념) 진간장 1/2T, 맛술 1/2T, 알룰로스 1/3T, 다진 마늘 1.5T, 후춧가루 조금, 백간장 2.5T

HOW TO MAKE

1. 소고기 다짐육 100g에 진간장 1/2T, 맛술 1/2T, 알룰로스 1/3T, 다진 마늘 1/2T, 후춧가루 조금 넣고 버무려 재워둔다.

2. 달걀 3개는 흰자와 노른자를 분리한다.

3. 팬에 올리브유 1/2T을 두르고 약불에 달걀 노른자와 흰자 지단을 각각 부친다.

4. 양념에 재워둔 소고기를 중강불에 수분을 날려가며 볶는다.

5. 물 1.2ℓ에 가루육수 2포, 다진 마늘 1T, 백간장 2.5T을 넣고 중강불에 끓인다.

6. 육수가 끓어오르면 물만두 350g, 떡국떡 300g을 넣고 중강불로 떡이 말랑해질 때까지 끓인다. 모자란 간은 소금을 더해서 맞춘다.

7. 파 1대는 송송 썰고, 달걀 지단은 0.2cm 두께로 채 썬다.

8. 그릇에 떡만둣국을 담고 소고기꾸미, 송송 썬 대파, 달걀 지단을 올린다.

겨울 3주 차 식단표
A WEEK'S MENU

요일	메뉴	장보기 재료 및 단가 (오아시스 기준, 91,950원)		냉장고 속 재료
월요일 **MON**	두부참치짜글이	두부 캔참치 대파	2,800 3,860 1,980	마늘, 양파
화요일 **TUE**	옥수수불고기솥밥 연근조림, 메추리알장조림	스위트콘 소고기 불고기용 쪽파 연근채 메추리알	4,400 12,800 2,400 3,980 3,840	마늘
수요일 **WED**	해물탕	해물 모둠 무 콩나물 미나리	9,900 2,600 900 3,380	마늘
목요일 **THU**	맥적구이, 부추무침 애호박순두붓국	돼지고기 목살 구이용 영양부추 애호박 순두부	12,800 3,500 1,780 1,500	마늘
금요일 **FRI**	잡채	돼지고기 등심 잡채용 파프리카 시금치 표고버섯 당면	7,200 2,480 2,000 2,950 4,900	양파, 당근, 마늘

SHOPPING LIST

3 WEEK

두부 300g 2모	2,800원
캔참치 150g	3,860원
대파 500g	1,980원
스위트콘 350g	4,400원
소고기 불고기용 300g	12,800원
쪽파 150g	2,400원
연근채 250g	3,980원
메추리알 270g	3,840원
해물 모둠 600g	9,900원
무 1kg 내외	2,600원
콩나물 300g	900원
미나리 300g	3,380원
돼지고기 목살 구이용 500g	12,800원
영양부추 100g	3,500원
애호박 1개	1,780원
순두부 400g	1,500원
돼지고기 등심 잡채용 300g	7,200원
파프리카 2개	2,480원
시금치 200g	2,000원
표고버섯 120g	2,950원
당면 300g	4,900원
합계	**91,950원**

A HOME-COOKED MEAL

두부참치짜글이

3주 차

- **재료** 두부 1모, 양파 1/2개, 마늘 5개, 대파 1/2대, 캔참치 1통(85g), 물 250㎖, 가루육수 1포
- **양념** 고추장 1T(깎아서), 고춧가루 1T, 다진 마늘 1T, 참치액 1.5T, 진간장 1T, 알룰로스 1T

HOW TO MAKE

1. 두부 1모는 한 번 헹궈서 절반을 잘라 0.5cm 두께로 썬 뒤 키친타월에 올려 물기를 제거한다.

2. 양파 1/2개도 0.5cm 두께로 채 썰고, 파 1/2대는 송송 썬다.

3. 고추장 1T(깎아서), 고춧가루 1T, 다진 마늘 1T, 참치액 1.5T, 진간장 1T, 알룰로스 1T을 섞어서 양념장을 만든다.

4. 냄비에 채 썬 양파를 먼저 깔고 가운데 캔참치를 올린 뒤 주위로 두부를 둘러서 올린다. 물 250㎖를 붓고 가루육수 1포와 송송 썬 대파를 올려서 중강불에 15분, 중불로 줄여서 5분간 조린다.

A HOME-COOKED MEAL

옥수수불고기솥밥

3주 차

재료 소고기 불고기용 300g, 쌀 250㎖, 스위트콘 200g, 쪽파 5대, 버터 10g, 물 250㎖, 가루육수 1포, 올리브유 2T

양념 진간장 3T, 맛술 1T, 매실액 1T, 알룰로스 1T, 다진 마늘 1T

곁들임 메뉴 : 연근조림(P.251), 메추리알장조림(P.238)

HOW TO MAKE

1. 쌀 250㎖는 물에 씻은 다음 체에 받쳐서 30분 이상 마른 불림을 한다.

2. 솥에 쌀을 담고 물 250㎖를 부은 뒤 가루육수 1포, 올리브유 1T을 넣고 살짝 섞어서 뚜껑을 닫고 중강불에 5분, 약불에 10분간 밥을 짓는다.

3. 소고기 불고기용 300g에 진간장 3T, 맛술 1T, 매실액 1T, 알룰로스 1T, 다진 마늘 1T을 골고루 버무려서 양념을 한다.

4. 팬에 올리브유 1T을 두르고 양념한 소고기를 중강불에 볶는다.

5. 고기가 다 익으면 스위트콘 200g을 넣고 한 번 더 살짝 볶는다.

6. 밥이 다 되면 볶은 소고기, 옥수수, 송송 썬 쪽파, 버터 10g을 얹고 뚜껑을 닫아 10분간 뜸을 들인다.

A HOME-COOKED MEAL

해물탕

3주 차

재료 해물 모둠 600g, 무 1/4개, 콩나물 300g, 미나리 반 줌, 다진 마늘 2T, 물 1.5ℓ, 가루육수 3포
양념 된장 1T, 백간장 2T, 맛술 1T, 고춧가루 2T, 후춧가루 조금

HOW TO MAKE

1. 무 1/4개는 나박썰기를 하고, 콩나물 300g, 미나리 반 줌, 다진 마늘 2T을 준비한다.

2. 냄비에 나박썰기한 무를 깐 뒤 물 1.5ℓ를 부어서 가루육수 3포를 넣고 중강불에 10분간 끓인다.

3. 된장 1T, 백간장 2T, 다진 마늘 2T, 맛술 1T, 고춧가루 2T, 후춧가루 조금 섞어서 양념장을 만든다.

4. 국물이 끓으면 해물 모둠 600g과 양념장을 넣고 중강불에 10분간 끓인다.

5. 모자란 간은 소금을 더해서 맞추고 콩나물, 미나리를 넣어 콩나물이 익을 정도로 한 번 더 끓인다.

A HOME-COOKED MEAL

맥적구이

3주 차

- **재료** 돼지고기 목살 구이용 500g, 올리브유 1T, 영양부추 100g
- **양념** 다진 마늘 2T, 진간장 1T, 된장 1T, 맛술 2T, 물엿 3T, 생강가루 조금, 후춧가루 조금, 멸치액젓 2T, 매실액 2T, 설탕 1.5T, 식초 1T, 고춧가루 1T, 깨소금 1T

곁들임 메뉴 : 부추무침(P.242), 애호박순두붓국(P.267)

HOW TO MAKE

1. 돼지고기 목살 500g은 앞뒤로 칼집을 낸다.

2. 다진 마늘 1T, 진간장 1T, 된장 1T, 맛술 2T, 물엿 3T, 생강가루 조금, 후춧가루 조금 섞어서 양념장을 만든다.

3. 칼집 낸 목살에 양념을 부어서 30분 넘게 재워둔다.

4. 팬에 올리브유 1T을 두르고 양념한 목살을 중불에 양념이 바짝 졸아들 정도로 충분히 굽는다.

5. 맥적구이는 영양부추무침을 곁들여 낸다.

   TIP | 영양부추 100g은 5cm 길이로 썰어 멸치액젓 2T, 매실액 2T, 설탕 1.5T, 식초 1T, 다진 마늘 1T, 고춧가루 1T, 깨소금 1T을 넣고 무친다.

A HOME-COOKED MEAL

잡채

3주 차

재료 돼지고기 등심 잡채용 300g, 당면 180g, 노랑 파프리카 1/2개, 빨강 파프리카 1/2개, 양파 1/2개, 당근 1/3개, 시금치 한 줌, 표고버섯 120g, 올리브유 1T, 물 100㎖, 통깨 조금

양념 진간장 5T, 굴소스 2T, 알룰로스 1T, 다진 마늘 1T, 후춧가루 조금, 맛술 1T, 설탕 2/3T, 참기름 1T

HOW TO MAKE

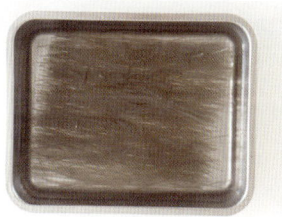

1. 당면 180g을 찬물에 담가서 불린다.

2. 노랑 파프리카 1/2개, 빨강 파프리카 1/2개, 양파 1/2개, 당근 1/3개, 표고버섯 120g을 0.3cm 두께로 채를 썬다. 시금치 한 줌은 끓는 물에 살짝 데쳐서 찬물에 헹군 다음 물기를 꼭 짜낸다.

3. 진간장 5T, 굴소스 2T, 알룰로스 1T, 다진 마늘 1T, 후춧가루 조금 섞어서 양념장을 만든다.

4. 올리브유 1T을 두르고 중불에 돼지고기 등심 300g을 맛술 1T, 설탕 2/3T을 넣고 볶는다.

5. 고기가 다 익으면 채 썬 파프리카, 양파, 당근, 표고버섯을 넣고 볶는다.

6. 양파가 투명해지고 당근이 익으면 불린 당면을 넣고 양념장과 물 100㎖를 부어서 볶는다.

7. 국물이 졸아들고 당면이 익으면 데친 시금치를 넣고 골고루 섞으면서 볶는다.

8. 불을 끄고 참기름 1T과 통깨를 뿌린다.

겨울 4주 차 식단표
A WEEK'S MENU

요일	메뉴	장보기 재료 및 단가 (오아시스 기준, 89,470원)		냉장고 속 재료
월요일 MON	목살찹스테이크덮밥	돼지고기 목살(두툼한 구이용) 양송이버섯 애호박 양파 마늘	11,800 3,400 1,780 2,590 4,430	파프리카, 당근
화요일 TUE	훈제오리솥밥 표고버섯볶음, 된장국	훈제오리 부추	11,900 1,480	표고버섯, 마늘 애호박, 양파, 대파
수요일 WED	연어솥밥 애호박순두붓국	연어 순두부	17,900 1,500	쪽파, 애호박, 마늘, 대파
목요일 THU	차돌박이깻잎파스타	차돌박이 깻잎 스파게티면	15,800 1,450 2,800	마늘
금요일 FRI	새우완자탕 소시지볶음	청경채 새우살 새송이버섯 소시지	1,050 6,890 1,400 3,300	애호박, 당근, 마늘

겨울 4주 차 장바구니 목록
SHOPPING LIST

4 WEEK

돼지고기 목살(두툼한 구이용) 500g	11,800원
양송이버섯 100g 내외	3,400원
애호박 1개	1,780원
양파 1.2kg	2,590원
마늘	4,430원
훈제오리 400g	11,900원
부추 200g	1,480원
연어 300g	17,900원
순두부 400g	1,500원
차돌박이 150g	15,800원
깻잎 40g	1,450원
스파게티면 500g	2,800원
청경채 150g	1,050원
새우살 300g	6,890원
새송이버섯 400g	1,400원
소시지 240g	3,300원

합계 **89,470원**

A HOME-COOKED MEAL

목살찹스테이크덮밥

4주 차

재료 돼지고기 목살(두툼한 구이용) 500g, 노랑 파프리카 1/2개, 빨강 파프리카 1/2개, 양파 1/2개, 애호박 1/4개, 당근 1/4개, 양송이버섯 3~4개, 마늘 10개, 버터 20g, 올리브유 1T

양념 소금 조금, 후춧가루 조금, 돈가스소스 5T, 굴소스 3T, 알룰로스 2T, 케첩 1.5T

HOW TO MAKE

1. 돼지고기 목살 500g은 소금과 후춧가루를 앞뒤로 뿌려서 밑간을 한다.

2. 마늘 10개는 편을 썰고, 노랑과 빨강 파프리카 각 1/2개, 양파 1/2개는 2cm 크기로 네모나게 썬다. 애호박 1/4개, 당근 1/4개는 0.2cm 두께로 썰어서 4등분하고, 양송이버섯 3~4개는 자루를 떼어내고 4등분한다.

3. 돈가스소스 5T, 굴소스 3T, 알룰로스 2T, 케첩 1.5T, 후춧가루 조금 섞어서 소스를 만든다.

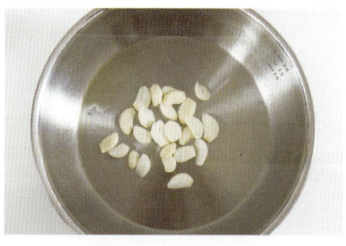

4. 팬에 올리브유 1T을 두르고 중불에 편 썬 마늘을 볶는다.

5. 마늘 향이 올라오면 밑간한 목살을 굽는다.

6. 고기가 앞뒤로 노릇하게 구워지면 채소 크기에 맞춰 자른 후 파프리카, 양파, 애호박, 당근, 양송이버섯을 넣고 골고루 볶는다.

7. 양파가 투명하게 익을 때쯤 버터 20g과 소스를 붓고 조리듯이 볶는다.

8. 밥 위에 목살찹스테이크를 올려서 비벼 먹는다.

A HOME-COOKED MEAL

훈제오리솥밥

4주 차

재료 훈제오리 400g, 쌀 250㎖, 마늘 7개, 부추 한 줌, 물 250㎖, 가루육수 1포, 올리브유 1T, 양파 플레이크(생략 가능), 통깨 2T

양념 쯔유 1T

곁들임 메뉴 : 표고버섯볶음(P.255), 된장국(P.258)

HOW TO MAKE

1. 쌀 250㎖는 물에 씻은 다음 체에 받쳐서 30분 이상 마른 불림을 한다.

2. 마늘 7개는 편을 썰고, 부추 한 줌은 송송 썬다.

3. 솥에 올리브유 1T을 두르고 훈제 오리 400g을 중불에 볶는다.

4. 오리 기름이 나오기 시작하면 편 썬 마늘을 넣고 노릇해질 정도로 구워서 오리와 함께 덜어둔다.

5. 솥에 쌀을 담고 물 250㎖를 부은 뒤 쯔유 1T, 가루육수 1포, 올리브유 1T을 넣고 살짝 섞어서 중강불에 5분, 약불에 10분간 밥을 짓는다.

6. 밥이 다 되면 구운 오리고기와 마늘, 통깨 2T, 송송 썬 부추, 양파 플레이크(생략 가능)를 가지런히 올리고 뚜껑을 닫아 10분간 뜸을 들인다.

A HOME-COOKED MEAL

연어솥밥

4주 차

재료 연어 300g, 쌀 250㎖, 마늘 7~8개, 쪽파 5대, 버터 30g, 물 250㎖, 가루육수 1포, 올리브유 3T
양념 맛술 1T, 소금 조금, 후춧가루 조금, 쯔유 1T

곁들임 메뉴 : 애호박순두붓국(P.267)

HOW TO MAKE

1. 쌀 250㎖는 물에 씻은 다음 체에 밭쳐서 30분 이상 마른 불림을 한다.

2. 연어 300g에 맛술 1T, 소금, 후춧가루를 뿌려서 밑간을 한다.

3. 마늘 7~8개는 편을 썰고, 쪽파 5대는 송송 썬다.

4. 팬에 올리브유 1T을 두르고 버터 10g을 녹여서 중약불에 편 썬 마늘을 노릇하게 구워서 덜어둔다.

5. 솥에 쌀을 담고 물 250㎖를 부은 뒤 가루육수 1포, 쯔유 1T, 올리브유 1T을 넣고 섞어서 중강불에 5분, 약불에 10분간 밥을 짓는다.

6. 팬에 올리브유 1T을 두르고 버터 10g을 녹여서 밑간한 연어를 굽는다.

7. 밥이 다 되면 구운 연어와 마늘, 송송 썬 쪽파, 버터 10g을 올리고 뚜껑을 닫아 10분간 뜸을 들인다.

A HOME-COOKED MEAL

차돌박이깻잎파스타

4주 차

재료 차돌박이 250g, 스파게티면 250g, 깻잎 10장, 마늘 10개, 물 2ℓ, 올리브유 4T, 페페론치노 3~4개
양념 소금 20g, 후춧가루 조금, 참치액 3T, 맛술 2T, 매실액 2T, 굴소스 1T

HOW TO MAKE

1. 마늘 10개는 편을 썰고 깻잎 10장은 0.5cm 두께로 채 썬다.

2. 냄비에 물 2ℓ를 붓고 올리브유 1T, 소금 20g을 넣고 강불에 스파게티면을 삶는다.

3. 팬에 올리브유 3T을 두르고 편 썬 마늘, 페페론치노 3~4개를 중불에 볶는다.

4. 마늘 향이 올라오기 시작하면 차돌박이 250g을 넣고 후춧가루를 뿌려서 굽는다.

5. 구운 차돌박이는 한쪽으로 밀어놓고 스파게티면이 90%쯤 익으면 팬에 옮겨서 면수 2국자, 참치액 3T, 맛술 2T, 매실액 2T, 굴소스 1T을 넣고 양념이 골고루 배도록 잘 섞으면서 볶는다.

6. 그릇에 스파게티면, 구운 차돌박이, 채 썬 깻잎을 나란히 놓는다.

A HOME-COOKED MEAL

새우완자탕

4주 차

- **재료** 새우살 300g, 애호박 40g, 당근 40g, 대파 20g, 청경채 1포기, 새송이버섯 1/2개, 물 1.2ℓ, 가루육수 2포
- **양념** 소금 1/3t, 후춧가루 조금, 생강가루 조금(생략 가능), 전분가루 3T, 백간장 2T, 다진 마늘 1T

곁들임 메뉴 : 소시지볶음(P.245)

HOW TO MAKE

1. 애호박 40g, 당근 40g, 대파 20g은 잘게 다진다. 채소 다지기를 사용하면 편리하다.

   TIP | 너무 많이 갈면 물기가 생기므로 입자가 있는 정도로 갈아준다.

2. 새우살 300g은 식감을 살리기 위해 칼로 다진다.

3. 청경채 1포기는 뿌리 부분을 잘라내고, 새송이버섯 1/2개는 세로로 절반을 잘라서 0.3cm 두께로 썰고, 다진 마늘 1T을 준비한다.

4. 볼에 다진 새우, 애호박, 당근, 대파, 소금 1/3t, 후춧가루 조금, 생강가루(생략 가능), 전분가루 3T을 넣고 골고루 섞이도록 버무린다.

5. 반죽을 한입 크기로 떠서 동그랗게 뭉친다.

6. 물 1.2ℓ에 가루육수 2포, 다진 마늘 1T을 넣고 끓인다.

7. 육수가 끓으면 동그랗게 빚은 새우완자를 넣는다.

   TIP | 완자 하나를 먼저 넣어서 풀어지는지 확인하고 풀어지면 전분을 추가해 다시 반죽한다.

8. 새우완자가 떠오르면 청경채, 새송이버섯을 넣고 백간장 2T으로 간을 한다. 모자란 간은 소금을 더해서 맞추고 새송이버섯이 익을 때까지 끓인다.

+ 곁들임 반찬 +
감자볶음
감자조림
국물달걀찜
느타리버섯구이
단무지무침
달걀말이
대파닭구이
두부볶음밥
마늘볶음밥
마늘종무침
메추리알장조림
무나물
묵은지(간장)비빔국수
미역줄기볶음
부추무침

새송이버섯볶음
새송이버섯전
소시지볶음
시금치나물
애호박들깨볶음
애호박전
양배추부침
어묵볶음
연근조림
오이무침
오이절임
콩나물무침
표고버섯볶음

+ 국 +
달걀국
동죽조갯국
된장국
두부달걀국
들깨뭇국
들깨미역국
미소된장국
부추달걀국
소고기미역국
시금치된장국
애호박새우젓국
애호박순두붓국
어묵탕
오이냉국
콩나물국

곁들임 반찬 & 국
SIDE DISHES
A HOME-COOKED MEAL

SIDE DISHES :
01

감자볶음

재료

감자 3개
당근 1/5개
양파 1/2개
올리브유 1T
물 20㎖

양념

소금 1T
깨소금 1T

HOW TO MAKE

1. 감자 3개는 껍질을 벗긴 후 0.5cm 두께로 채 썰고, 당근 1/5개는 0.3cm 두께로, 양파 1/2개는 0.5cm 두께로 채 썬다.
2. 팬에 올리브유 1T을 두르고 중불에 채 썬 감자와 당근을 먼저 볶는다.
3. 감자가 익기 시작하면 채 썬 양파와 소금 1T을 넣고 골고루 섞어가면서 볶는다.
4. 물 20㎖를 붓고 뚜껑을 닫아 약불에 7분 정도 익힌다.
5. 물이 다 졸아들고 감자가 완전히 익으면 불을 끄고 깨소금 1T을 뿌린다.

SIDE DISHES :
02

감자조림

재료

감자 250g
올리브유 1T
물 50㎖
가루육수 1포

양념

진간장 1.5T
알룰로스 1T
참기름 1/2T
깨소금 1T

HOW TO MAKE

1. 감자 250g은 껍질을 벗긴 후 1cm 크기로 깍둑썰기를 하고 물에 담가 전분기를 뺀다.

2. 팬에 올리브유 1T을 두르고 깍둑 썬 감자를 중불에 코팅하듯 뒤적인다.

3. 물 50㎖를 붓고 가루육수 1포, 진간장 1.5T, 알룰로스 1T을 넣어 약불에 뒤적이며 감자를 양념에 조린다.

4. 불을 끄고 참기름 1/2T, 깨소금 1T을 뿌린다.

SIDE DISHES :
03

국물달걀찜

재료

달걀 5개
대파 1/2대
물 250㎖
(달걀과 같은 분량)
가루육수 1포

양념

백간장 1T
참기름 1T

HOW TO MAKE

1. 달걀 5개를 풀어서 백간장 1T을 넣고 섞는다.
2. 대파 1/2대는 송송 썬다.
3. 냄비에 물 250㎖를 붓고 가루육수 1포를 넣어 중불에 끓어오르면 달걀물을 넣는다.
4. 달걀이 바닥에 눌어붙지 않게 저어가면서 익힌다.
5. 달걀이 거의 다 익으면 뚜껑을 닫고 약불에 5분간 더 익힌다.
6. 달걀이 완전히 익으면 참기름 1T을 두른다.

SIDE DISHES :
04

느타리버섯구이

 재료

느타리버섯 200g
올리브유 1/2T

 양념

소금 3꼬집

HOW TO MAKE

1. 느타리버섯 200g은 밑동을 잘라내고 가닥가닥 찢는다.
2. 넓적한 그릇에 느타리버섯을 놓고 올리브유 1/2T, 소금 3꼬집을 골고루 섞은 후 겹치지 않게 펼친다.
3. 에어프라이어 바스켓에 느타리버섯을 그릇째 넣고 180도에 7분간 굽는다 (취향에 따라 더 구워도 된다).

SIDE DISHES :
05

단무지무침

재료

단무지 230g
쪽파 3대

양념

다진 마늘 1t
매실액 1/2T
참기름 1t
깨소금 1t
고운 고춧가루 1t

HOW TO MAKE

1. 단무지 230g은 반달썰기를 하고, 쪽파 3대는 송송 썬다.
2. 반달썰기를 한 단무지를 흐르는 물에 한 번 헹군 후 물기를 꼭 짜낸다.
3. 단무지에 송송 썬 쪽파, 다진 마늘 1t, 매실액 1/2T, 참기름 1t, 깨소금 1t, 고운 고춧가루 1T을 넣고 골고루 무친다.

SIDE DISHES :
06

달걀말이

재료

달걀 4개
올리브유 1T

양념

백간장 1T

HOW TO MAKE

1. 달걀 4개를 풀어서 백간장 1T을 넣고 골고루 섞는다.
2. 팬에 올리브유 1T을 두르고 약불에 달걀물을 절반 정도 붓는다.
3. 달걀이 익기 시작하면 가장자리부터 돌돌 말고 달걀물을 추가해 계속 말아가면서 굽는다.

SIDE DISHES :
07

대파닭구이

 재료

닭다리살 정육 500g
대파 4~5대
올리브유 1T

 양념

소금 1t
후춧가루 조금

HOW TO MAKE

1. 대파 4~5대를 손가락 두 마디 길이로 썬다.
2. 팬에 올리브유 1T을 두르고 중불에 닭다리살 정육 500g을 껍질부터 놓고 소금 1t, 후춧가루를 뿌려서 굽는다.
3. 닭고기가 살짝 노릇해지면 뒤집어서 굽는다.
4. 무거운 냄비 뚜껑으로 닭고기를 눌러서 구우면 속까지 골고루 익는다.
5. 닭고기를 세 번씩 뒤집어가며 양면을 골고루 노릇하게 굽는다.
6. 구운 닭을 덜어내고 닭고기 기름에 대파를 굴려가며 굽는다. 대파는 구우면 매운맛이 빠진다.

SIDE DISHES :
08

두부볶음밥

재료

애호박 1/3개
당근 1/3개
양파 1/2개
새송이버섯 1/2개
대파 1대
두부 1모
밥 3공기
올리브유 1T

양념

굴소스 4T
참기름 1T

HOW TO MAKE

1. 애호박 1/3개, 당근 1/3개, 양파 1/2개, 새송이버섯 1/2개는 잘게 깍둑썰기를 하고, 대파 1대는 송송 썬다.
2. 팬에 기름을 두르지 않고 물기를 제거한 두부 1모를 중불에 으깨가면서 볶는다.
3. 두부의 수분이 날아가면 덜어내고, 올리브유 1T을 둘러서 중불에 송송 썬 대파를 볶아서 파기름을 낸다.
4. 파 향이 올라오면 깍둑썰기한 애호박, 당근, 양파, 새송이버섯을 넣고 볶는다.
5. 채소가 익으면 으깨서 볶은 두부와 밥 3공기, 굴소스 4T을 넣고 볶는다.
6. 모자란 간은 굴소스를 더 넣어서 맞추고 불을 끈 뒤 참기름 1T을 둘러서 골고루 섞는다.

SIDE DISHES :
09

마늘볶음밥

재료

마늘 20개
대파 2대
애호박 1/2개
당근 1/4개
양파 1/2개
밥 500g
올리브유 2T
버터 20g
달걀 4개

양념

백간장 4T
소금 조금

HOW TO MAKE

1. 마늘 20개는 편을 썰고 대파 2대는 송송 썬다. 애호박 1/2개, 당근 1/4개, 양파 1/2개는 0.5cm 크기로 깍둑썰기를 한다.

2. 팬에 올리브유 2T과 버터 20g을 넣고 송송 썬 대파와 편 썬 마늘을 중불에 볶는다.

3. 마늘이 노릇해지면 깍둑썰기를 한 애호박, 당근, 양파를 넣고 중불에 볶는다.

4. 야채가 거의 다 익어가면 밥 500g, 백간장 4T을 넣고 중강불에 수분을 날리며 골고루 섞는다. 모자란 간은 소금을 더해서 맞춘다.

5. 볶음밥을 한쪽으로 밀어놓고 달걀 4개를 풀어서 스크램블을 만든 뒤 볶음밥과 섞는다.

SIDE DISHES :
10

마늘종무침

재료

마늘종 500g

양념

고추장 2T
고춧가루 2T
멸치액젓 2T
식초 1T
설탕 1T
참기름 1T
다진 마늘 1T
매실액 2T
참기름 1T
깨소금 1T

HOW TO MAKE

1. 마늘종 500g은 봉우리 부분은 잘라내고 4~5cm 길이로 자른다.
2. 끓는 물에 마늘종을 넣고 1분간 데친 후 찬물에 담가 식힌다.
3. 고추장 2T, 고춧가루 2T, 멸치액젓 2T, 식초 1T, 설탕 1T, 참기름 1T, 다진 마늘 1T, 매실액 2T, 참기름 1T, 깨소금 1T을 섞어서 양념장을 만든다.
4. 마늘종의 물기를 빼고 양념장을 넣어서 골고루 버무린다.

SIDE DISHES :
11

메추리알장조림

재료

깐 메추리알 270g
물 250㎖
가루육수 1포

양념

진간장 4T
맛술 2T
알룰로스 1.5T
참기름 1/2T
깨소금 1/2T

HOW TO MAKE

1. 깐 메추리알 270g을 물에 한 번 헹궈낸다.
2. 냄비에 메추리알을 담고, 물 250㎖, 가루육수 1포, 진간장 4T, 맛술 2T, 알룰로스 1.5T을 넣고 강불에 끓이다가 중불로 줄인다.
3. 5분 정도 끓인 뒤 메추리알 하나를 갈라보고 노른자에 간이 배어들었으면 불을 끄고 참기름 1/2T, 깨소금 1/2T을 넣고 골고루 섞는다.

SIDE DISHES :
12

무나물

 재료

무 300g
대파 1대
올리브유 1T

 양념

다진 마늘 1/2T
소금 1/2t
들기름 조금

HOW TO MAKE

1. 무 300g은 0.2cm 두께로 채 썰고, 대파 1대는 송송 썬다.
2. 채 썬 무에 소금 1/2t을 넣어 버무리고 20분간 절인다.
3. 팬에 올리브유 1T을 두르고 다진 마늘 1/2T을 중불에 볶다가 절인 무채의 물기를 짜내고 넣어 같이 볶는다.
4. 무를 1분쯤 볶다가 절인 무에서 짜낸 물을 넣고 뚜껑을 덮어서 약불에 10분 간 졸이면서 익힌다.
5. 모자란 간은 소금을 더해서 맞추고, 송송 썬 대파를 넣어 살짝 더 익힌다.
6. 먹기 직전에 들기름을 조금 넣고 살짝 섞는다.

SIDE DISHES :
13

묵은지(간장) 비빔국수

재료

묵은지 1/8쪽
국수면 300g
깨소금 조금
쪽파(생략 가능)

양념

진간장 3T
백간장 1T
매실액 1.5T
알룰로스 1.5T
참기름 1.5T

HOW TO MAKE

1. 묵은지1/8쪽은 씻어서 손톱 크기로 자른다.
2. 진간장 3T, 백간장 1T, 매실액 1.5T, 알룰로스 1.5T, 참기름 1.5T을 섞어 양념장을 만든다.
3. 국수면 300g을 삶아 찬물에 여러 번 헹군 뒤 양념장을 부어서 비비고 묵은지, 깨소금, 송송 썬 쪽파(생략 가능)를 올린다.
   TIP | 아이는 애호박을 채 썰어 간을 하지 않고 살짝 볶아 묵은지 대신 올려줘도 좋다.

SIDE DISHES :
14

미역줄기볶음

재료
염장 미역줄기 300g
당근 1/4개
올리브유 1T

양념
다진 마늘 1T
참치액 1T
맛술 1T
참기름 1T
깨소금 조금

HOW TO MAKE

1. 염장 미역줄기 300g을 물에 담가 소금기를 빼고 여러 번 헹군다.
2. 당근 1/4개를 0.2cm 두께로 채 썬다.
3. 끓는 물에 미역줄기를 넣고 3분간 삶는다.
4. 삶은 미역줄기를 찬물에 담가 식힌 후 물기를 꽉 짜내고 먹기 좋게 자른다.
5. 팬에 올리브유 1T을 두르고 중불에 다진 마늘 1T을 볶다가 마늘 향이 올라오면 미역줄기, 참치액 1T, 맛술 1T을 넣고 볶는다.
6. 채 썬 당근을 넣고 볶다가 당근이 흐물해지기 시작하면 불을 끄고 10분간 뚜껑을 닫아 마저 익힌다. 마지막에 참기름 1T을 둘러서 살짝 섞은 후 깨소금 1T을 뿌린다.

SIDE DISHES :
15

부추무침

재료
부추 100g

양념
멸치액젓 2T
매실액 2T
설탕 1.5T
식초 1T
고춧가루 1T
다진 마늘 1/2T
깨소금 1T

HOW TO MAKE

1. 부추 100g은 손가락 두 마디 길이로 썬다.
2. 멸치액젓 2T, 매실액 2T, 설탕 1.5T, 식초 1T, 고춧가루 1T, 다진 마늘 1/2T을 섞어서 양념장을 만든다.
3. 부추에 양념장을 붓고 골고루 섞은 후 깨소금 1T을 뿌린다.

SIDE DISHES :
16

새송이버섯볶음

재료

새송이버섯 2개
올리브유 1T

양념

다진 마늘 1T
진간장 1.5T
알룰로스 0.5T
참기름 0.5T
깨소금 0.5T

HOW TO MAKE

1. 새송이버섯 2개는 손가락 두 마디 길이, 0.2cm 두께로 썬다.
2. 팬에 올리브유 1T을 두르고 중불에 다진 마늘 1T을 볶는다.
3. 마늘 향이 올라오면 새송이버섯을 넣고 한 번 더 볶는다.
4. 진간장 1.5T, 알룰로스 0.5T을 넣고 섞으면서 조린다.
5. 양념이 졸아들면 불을 끄고 참기름 0.5T, 깨소금 0.5T을 넣고 골고루 섞는다.

SIDE DISHES :
17

새송이버섯전

재료

새송이버섯 1개
달걀 1개
부침가루 1T
올리브유 1T

양념

소금 2꼬집

HOW TO MAKE

1. 새송이버섯 1개는 밑동을 잘라내고 세로로 0.2cm 두께로 썬다.
2. 달걀 1개를 소금 2꼬집을 섞어서 푼다.
3. 얇게 썬 새송이버섯을 부침가루와 달걀물 순서로 입힌다.
4. 팬에 올리브유 1T을 둘러서 중약불에 새송이버섯을 앞뒤로 골고루 굽는다.

SIDE DISHES :
18

소시지볶음

재료
비엔나 소시지 240g
양파 1/2개
애호박 1/4개
당근 1/4개
대파 1대
올리브유 1T

양념
소금 1/2t
깨소금 0.5T

HOW TO MAKE

1. 양파 1/2개는 가로세로 2cm 크기, 애호박 1/4개와 당근 1/4개는 가로세로 2cm 크기에 0.2cm 두께로 썰고, 대파 1대는 송송 썬다.
2. 비엔나 소시지 240g은 칼집을 넣는다.
3. 팬에 올리브유 1T을 두르고 중불에 송송 썬 대파를 볶는다.
4. 파 향이 올라오면 썰어둔 양파, 애호박, 당근을 넣고 소금 1/2t으로 간을 해서 볶는다.
5. 양파가 익으면 비엔나 소시지를 넣고 볶는다.
6. 소시지의 칼집 부분이 벌어지면 불을 끄고 깨소금 0.5T을 뿌린다.

SIDE DISHES :
19

시금치나물

재료
시금치 200g
소금 1T
물 500㎖

양념
꽃게액젓 1/2T
참기름 1/2T
깨소금 조금

HOW TO MAKE

1. 시금치 200g은 깨끗이 씻은 후 뿌리 부분을 잘라낸다.
2. 물 500㎖에 소금 1T을 넣고 끓으면 시금치를 넣어 30초간 데친다.
3. 데친 시금치를 찬물에 담가 식힌다.
4. 시금치를 건져 물기를 꽉 짜낸 후 꽃게액젓 1/2T, 참기름 1/2T, 깨소금 1T을 넣고 버무린다.

SIDE DISHES :
20

애호박들깨볶음

재료

애호박 1개
올리브유 1T
물 100㎖
가루육수 1포

양념

다진 마늘 1T
새우젓 1T
들깻가루 1T(소복이)

HOW TO MAKE

1. 애호박 1개는 0.2cm 두께로 반달썰기를 한다.
2. 팬에 올리브유 1T을 두르고 다진 마늘 1T을 중불에 볶는다.
3. 마늘 향이 올라오면 썰어둔 애호박과 새우젓 1T을 넣고 볶는다.
4. 애호박 안쪽이 익기 시작하면 물 100㎖, 가루육수 1포를 넣고 뚜껑을 닫아서 중약불에 찌듯이 끓인다.
5. 애호박이 다 익어가면 들깻가루 1T을 소복이 넣고 골고루 섞으면서 볶는다.
6. 모자란 간은 새우젓을 더 넣어서 맞춘다.

SIDE DISHES : **21**

애호박전

재료

애호박 1개
달걀 1개
올리브유 1T
케첩 조금

양념

소금 3꼬집

HOW TO MAKE

1. 애호박 1개를 0.2cm 두께로 채 썬다.
2. 달걀 1개를 소금 3꼬집을 섞어서 푼다.
3. 팬에 올리브유 1T을 두르고 중약불에 달걀물 입힌 애호박을 앞뒤로 굽는다.
4. 취향에 따라 케첩을 곁들인다.

SIDE DISHES :
22

양배추부침

재료

양배추 1/4통 (작은 크기)
당근 1/8개
달걀 3개
올리브유 1T

양념

소금 1/2T

HOW TO MAKE

1. 양배추 1/4통과 당근 1/8개는 가늘게 채 썬다.
2. 채 썬 양배추와 당근에 달걀 3개, 소금 1/2T을 넣고 골고루 섞어서 반죽을 만든다.
3. 팬에 올리브유 1T을 두르고 중약불에 반죽을 한 국자 올려서 앞뒤로 노릇하게 부친다.

SIDE DISHES :
23

어묵볶음

재료

사각어묵 3장
양파 1/2개
당근 1/10개
대파 푸른 부분 1대
올리브유 1T

양념

다진 마늘 1T
진간장 1.5T
굴소스 1T
맛술 1T
물엿 1T
참기름 1T
깨소금 1/2T

HOW TO MAKE

1. 사각어묵 3장은 물에 한 번 데친다.
2. 데친 어묵, 양파 1/2개, 당근 1/10개는 0.2cm 두께로 채 썰고, 대파 푸른 부분 1대는 송송 썬다.
3. 팬에 올리브유 1T을 두르고 다진 마늘 1T을 중불에 볶는다.
4. 마늘 향이 올라오면 채 썬 어묵, 양파, 당근을 넣고 볶는다.
5. 양파가 익기 시작하면 진간장 1.5T, 굴소스 1T, 맛술 1T을 넣고 간이 배도록 골고루 섞으면서 볶는다.
6. 양파가 익으면 물엿 1T, 송송 썬 대파를 넣고 볶다가 파가 숨이 죽으면 불을 끄고 참기름 1T, 깨소금 1/2T을 넣고 살짝 섞는다.

SIDE DISHES :
24

연근조림

재료

손질 연근 250g
가루육수 1포
물 1.25ℓ
식초 1T
올리브유 1T

양념

설탕 1T
진간장 2T
굴소스 1T
다진 마늘 1T
물엿 1/2T
참기름 1T
깨소금 1T

HOW TO MAKE

1. 물 1ℓ에 식초 1T을 넣고 팔팔 끓으면 손질 연근 250g을 넣고 중강불에 3분간 데친다(쫀득한 식감을 원한다면 더 오래 데친다).

2. 물을 따라낸 뒤 올리브유 1T, 설탕 1T을 넣고 중불에 연근을 볶다가 설탕이 연근에 스며들면 물 250㎖, 가루육수 1포, 진간장 2T, 굴소스 1T, 다진 마늘 1T을 넣고 중강불에 끓인다.

3. 육수가 졸아들면 물엿 1/2T을 넣고 골고루 섞는다.

4. 불을 끈 후 참기름 1T, 깨소금 1T을 넣고 살짝 섞는다.

SIDE DISHES :
25

오이무침

재료
오이 1개

양념
멸치액젓 1T
진간장 2/3T
매실액 1T
설탕 2/3T
고춧가루 1T
참기름 1T
깨소금 1T
다진 마늘 1T

HOW TO MAKE

1. 오이 1개를 0.2cm 두께로 납작하게 썬다.
2. 멸치액젓 1T, 진간장 2/3T, 매실액 1T, 설탕 2/3T, 고춧가루 1T, 참기름 1T, 깨소금 1T, 다진 마늘 1T을 섞어서 양념장을 만든다.
3. 납작하게 썬 오이에 양념장을 넣고 버무린다.

SIDE DISHES :
26

오이절임

재료

백오이 1개

양념

소금 1/2t
꽃게액젓 2/3T
매실액 2/3T
깨소금 1/2T

HOW TO MAKE

1. 백오이 1개는 길게 반으로 잘라 작은 숟가락으로 씨를 긁어낸다.
2. 씨를 제거한 오이를 길게 반으로 한 번 더 잘라서 0.5cm 두께로 썬다.
3. 오이에 소금 1/2T을 섞어 20분간 재워둔다.
4. 절인 오이의 물기를 꽉 짜내고 꽃게액젓 2/3T, 매실액 2/3T, 깨소금 1/2T을 넣고 골고루 무친다.

SIDE DISHES :
27

콩나물무침

재료
콩나물 300g
쪽파 5대
물 500㎖

양념
소금 1T
꽃게액젓 1.5T
참기름 0.5T
깨소금 1T

HOW TO MAKE

1. 콩나물 300g은 씻어서 준비하고, 쪽파 5대는 송송 썬다.
2. 냄비에 물 500㎖, 소금 1T을 넣고 중강불에 끓인다.
3. 물이 끓으면 콩나물을 넣고 2분간 데친다.
4. 데친 콩나물을 찬물에 헹구고 물기를 뺀다.
5. 콩나물에 송송 썬 쪽파, 꽃게액젓 1.5T, 참기름 0.5T, 깨소금 1T을 넣고 골고루 무친다.

SIDE DISHES : 28

표고버섯볶음

 재료

표고버섯 5개
올리브유 1T

 양념

진간장 2/3T
굴소스 1/2T
참기름 1t
깨소금 1/2T

HOW TO MAKE

1. 표고버섯 5개는 키친타월로 닦고 대를 떼어낸다.
2. 표고버섯 갓을 0.5cm 두께로 편을 썬다.
3. 팬에 올리브유 1T을 두르고 중불에 편 썬 표고버섯, 진간장 2/3T, 굴소스 1/2T을 넣고 골고루 섞어가면서 볶는다.
4. 양념이 버섯에 스며들고 숨이 죽으면 불을 끄고 참기름 1t, 깨소금 1/2T을 넣어 한 번 더 섞는다.

SIDE DISHES :
29

달걀국

 재료

달걀 2개
대파 1대
물 600㎖
가루육수 1포

 양념

다진 마늘 1/2T
백간장 2T
후춧가루 조금

HOW TO MAKE

1. 대파 1대는 송송 썬다.
2. 물 600㎖에 가루육수 1포, 다진 마늘 1/2T을 넣고 중강불에 끓인다.
3. 육수가 끓으면 백간장 2T과 송송 썬 대파를 넣고 끓인다.
4. 달걀 2개를 풀어서 넣고 불을 끈다.
5. 취향에 따라 후춧가루를 조금 뿌린다.

SIDE DISHES :
30

동죽조갯국

재료

동죽 500g
무 1/4개
대파 1대
물 1.5ℓ
가루육수 2포

양념

다진 마늘 1T
백간장 3T
소금 1/2T

HOW TO MAKE

1. 동죽 500g은 흐르는 물에 씻는다.
2. 무 1/4개는 가로세로 2cm 크기에 0.3cm 두께로 썰고, 대파 1대는 송송 썬다.
3. 냄비에 물 1.5ℓ를 붓고 가루육수 2포와 무를 넣고 중강불에 끓인다.
4. 무가 어느 정도 익으면 동죽, 다진 마늘 1T, 백간장 3T, 소금 1/2T을 넣고 끓인다.
5. 동죽이 입을 벌리면 모자란 간은 소금을 넣어서 맞춘 후 송송 썬 대파를 넣고 한 소끔 끓인다.

SIDE DISHES :
31

된장국

재료
애호박 1/5개
양파 1/2개
무 70g
대파 1대
물 600㎖
가루육수 1포

양념
다진 마늘 1/2T
된장 1T
백간장 1/2T

HOW TO MAKE

1. 애호박 1/5개, 양파 1/2개, 무 70g은 가로세로 1cm 크기로 나박썰기를 하고, 대파 1대는 송송 썬다.

2. 냄비에 물 600㎖를 붓고 가루육수 1포, 나박썰기를 한 무를 넣고 된장 1T을 풀어서 중강불에 팔팔 끓인다.

3. 무가 익으면 나박썰기를 한 애호박, 양파, 다진 마늘 1/2T, 백간장 1/2T을 넣고 끓인다.

4. 애호박과 양파가 익으면 송송 썬 대파를 넣고 한 소끔 끓인다.

SIDE DISHES :
32

두부달걀국

재료

두부 1/2모
달걀 2개
대파 1/2대
물 600㎖
가루육수 1포

양념

다진 마늘 1/2T
백간장 1T

HOW TO MAKE

1. 두부 1/2모는 1cm 크기로 깍둑썰기를 하고, 대파 1/2대는 송송 썰고, 달걀 2개는 풀어둔다.

2. 물 600㎖에 가루육수 1포를 넣고 끓어오르면 깍둑 썬 두부, 다진 마늘 1/2T, 백간장 1T을 넣고 중불에 끓인다.

3. 송송 썬 대파와 풀어둔 달걀을 넣은 뒤 바로 불을 끄고 뚜껑을 닫아 잔열로 익힌다.

SIDE DISHES :
33

들깨뭇국

재료

무 300g
대파 1대
들깻가루 2T
물 1.5ℓ
가루육수 2포
올리브유 1T

양념

국간장 1T
백간장 2T
다진 마늘 1T
소금 0.5T

HOW TO MAKE

1. 무 300g은 손가락 두 마디 길이에 0.5cm 두께로 채 썰고, 대파 1대는 송송 썬다.
2. 냄비에 올리브유 1T을 두르고 중불에 채 썬 무를 볶다가 소금 0.5T을 넣고 무가 반투명하게 익을 정도로 볶는다.
3. 냄비에 물 1.5ℓ를 붓고 가루육수 2포를 넣어 중강불에 팔팔 끓인다.
4. 국간장 1T, 백간장 2T, 다진 마늘 1T을 넣고 중강불에 팔팔 끓인다.
5. 무가 익으면 들깻가루 2T, 송송 썬 대파를 넣고 불을 끈다.

SIDE DISHES : **34**

들깨미역국

재료
마른미역 15g
들깻가루 3T
올리브유 1/2T
들기름 1/2T
물 1ℓ
가루육수 2포

양념
백간장 2T
소금 조금

HOW TO MAKE

1. 마른미역 15g은 물에 바락바락 씻어서 헹구고 물기를 꼭 짜낸다.
2. 냄비에 올리브유 1/2T, 들기름 1/2T을 둘러서 중불에 불린 미역, 백간장 2T을 넣고 볶는다.
3. 물 700㎖를 붓고 가루육수 2포를 넣어서 중강불에 10분간 끓인다.
4. 물 300㎖를 추가하고 중불에 10분간 더 끓인 후 모자란 간은 소금을 더해서 맞추고 들깻가루 3T을 넣고 5분간 더 끓인다.

SIDE DISHES :
35

미소된장국

 재료

마른미역 3g
두부 1/2모
물 600㎖

 양념

미소된장 1.5T

HOW TO MAKE

1. 마른미역 3g을 물에 담가 불린 후 헹구고 물기를 꼭 짜낸다.
2. 두부 1/2모는 1.5cm 크기로 깍둑썰기를 한다.
3. 물 600㎖에 미소된장 1.5T을 풀고 중강불에 끓이다가 불린 미역을 넣는다.
4. 미역이 잘 풀어지면서 익으면 깍둑 썬 두부를 넣고 한 소끔 끓인다.

SIDE DISHES :
36

부추달걀국

재료

달걀 2개
부추 한 줌
물 600㎖
가루육수 1포

양념

다진 마늘 1/2T
백간장 1.5T

HOW TO MAKE

1. 부추 한 줌은 손가락 두 마디 길이로 자른다.

2. 냄비에 물 600㎖를 붓고 가루육수 1포를 넣어 끓어오르면 다진 마늘 1/2T, 백간장 1.5T을 넣고 중불에 끓인다.

3. 육수가 끓어오르면 달걀 2개를 풀어서 넣고 달걀이 떠오를 때까지 젓지 않고 그대로 끓인다.

4. 달걀이 떠오르면 한 번 젓고 부추를 넣어서 1분간 끓이다 불을 끄고 나머지는 잔열로 익힌다.

SIDE DISHES :
37

소고기미역국

재료

소고기 국거리 300g
마른미역 20g
물 1.5ℓ
가루육수 3포
올리브유 1T

양념

국간장 1T
참치액 1T
소금 조금
참기름 1T

HOW TO MAKE

1. 마른미역 20g을 물에 불린 뒤 헹구고 물기를 꽉 짜낸다.
2. 냄비에 올리브유 1T을 두르고 중불에 소고기 국거리 300g을 볶는다.
3. 소고기가 반쯤 익으면 불린 미역, 참치액 1T을 넣고 볶는다.
4. 물 1ℓ를 붓고 가루육수 3포, 국간장 1T을 넣고 뚜껑을 닫아서 중강불에 10분간 끓인다.
5. 물 0.5ℓ를 붓고 뚜껑을 닫아서 중불에 10분간 끓인다.
6. 모자란 간은 소금으로 맞추고 10분간 더 끓인다.
7. 불을 끄고 참기름 1T을 두른다.

SIDE DISHES :
38

시금치된장국

재료

시금치 한 줌
두부 1/2모
가루육수 1포
물 800㎖

양념

다진 마늘 1T
된장 2T
백간장 1T

HOW TO MAKE

1. 시금치 한 줌을 씻어서 뿌리 부분을 잘라낸다.
2. 물 800㎖에 가루육수 1포, 된장 2T, 백간장 1T, 다진 마늘 1T을 넣고 중강불에 끓인다.
3. 마늘 향이 퍼지면 두부 1/2모를 2cm 크기로 깍둑썰기를 해서 넣고 충분히 끓인다.
4. 마지막에 시금치를 넣고 숨이 죽으면 불을 끈다.

SIDE DISHES :
39

애호박새우젓국

재료
애호박 1/3개
양파 1/2개
대파 1대
물 750㎖
가루육수 1포

양념
다진 마늘 1T
새우젓 2/3T
백간장 1.5T
후춧가루 조금

HOW TO MAKE

1. 애호박 1/3개는 0.2cm 두께로 반달썰기, 양파 1/2개는 2cm 크기로 깍둑썰기를 하고, 대파 1대는 송송 썬다.
2. 냄비에 물 750㎖를 붓고 가루육수 1포를 넣어서 중강불에 끓으면 썰어둔 애호박, 양파, 새우젓 2/3T, 백간장 1.5T을 넣고 끓인다.
3. 애호박과 양파가 익으면 송송 썬 대파를 넣는다.
4. 모자란 간은 백간장을 더 넣어서 맞추고, 취향에 따라 후춧가루를 뿌린다.

SIDE DISHES :
40

애호박순두붓국

재료

애호박 1/2개
대파 1대
순두부 1봉지
물 1ℓ
가루육수 2포

양념

다진 마늘 1T
백간장 1.5T
새우젓 1T
소금 조금

HOW TO MAKE

1. 애호박 1/2개는 0.3cm 두께로 반달썰기를 하고, 대파 1대는 송송 썬다.
2. 냄비에 물 1ℓ를 붓고 가루육수 2포를 넣어서 중강불에 끓인다.
3. 육수가 끓어오르면 반달썰기를 한 애호박을 넣는다.
4. 애호박 속까지 익기 시작하면 다진 마늘 1T, 백간장 1.5T, 새우젓 1T을 넣는다.
5. 애호박이 거의 다 익으면 모자란 간은 소금을 더해서 맞춘 뒤 순두부 1봉지와 송송 썬 대파를 넣어 한 소끔 끓인다.

SIDE DISHES :
41

어묵탕

재료

무 150g
모둠 어묵 240g
대파 1/2대
물 750㎖
가루육수 1포

양념

다진 마늘 1T
쯔유 1T
백간장 1.5T
후춧가루 조금

HOW TO MAKE

1. 무 150g은 2cm 길이에 0.5cm 두께로 나박썰기를 하고, 대파 1/2대는 어슷썰기를 한다.

2. 냄비에 물 750㎖를 붓고 가루육수 1포, 나박썰기를 한 무를 넣고 중강불에 끓인다.

3. 무가 익으면 모둠 어묵 240g, 다진 마늘 1T, 쯔유 1T, 백간장 1.5T, 후춧가루 조금 넣고 끓인다.

4. 어묵이 익으면 모자란 간은 소금을 더해서 맞추고 어슷 썬 대파를 넣어서 한 소끔 끓인다.

SIDE DISHES :
42

오이냉국

재료
마른미역 3g
오이 1/2개
청양고추 1개(생략 가능)

양념
물 500㎖
국간장 1.5T
참치액 2.5T
설탕 3T
사과식초 5T
(취향에 따라 추가)
소금 조금

HOW TO MAKE

1. 마른미역 3g은 물에 불린 후 여러 번 헹구고 물기를 꼭 짜낸다.
2. 오이 1/2개는 0.2cm 두께로 채 썬다.
3. 물 500㎖에 송송 썬 청양고추(생략 가능), 국간장 1.5T, 참치액 2.5T, 설탕 3T, 사과식초 5T(취향에 따라 추가), 소금 조금 섞어서 양념장을 만든다.
4. 양념장에 불린 미역과 채 썬 오이를 넣고 골고루 섞는다.

SIDE DISHES :
43

콩나물국

재료

콩나물 300g
대파 1대
물 1.5ℓ
가루육수 2포

양념

다진 마늘 1T
백간장 2T
새우젓 1T
소금 조금

HOW TO MAKE

1. 콩나물 300g은 씻어서 준비하고, 대파 1대는 송송 썬다.
2. 물 1.5ℓ에 가루육수 2포를 넣고 끓어오르면 콩나물, 다진 마늘 1T, 백간장 2T, 새우젓 1T을 넣고 끓인다.
3. 콩나물 숨이 죽으면 송송 썬 대파를 넣고 모자란 간은 소금으로 맞춘 후 약불에 5분간 더 끓인다.

Index

ㄱ

가리비미역국 • 180
가리비파스타 • 184
가지닭고기솥밥 • 62
간장마늘치킨 182
감자볶음 • 228
감자조림 • 229
경상도식 소고기뭇국 • 76
고등어덮밥 • 152
국물달걀찜 • 230
국물삼치찜 • 128
꼬막비빔밥 • 192

ㄴ

느타리버섯구이 • 231

ㄷ

단무지무침 • 232
달걀국 • 256
달걀말이 • 233
닭갈비 • 52
닭고기누룽지탕 • 118
닭고기전골 • 154
닭칼국수 • 136
대파닭구이 • 234
대패삼겹살팽이버섯말이 • 40

데리야키치킨솥밥 • 30
돈육전 • 50
동죽조갯국 • 257
돼지간장불고기 • 84
된장국 • 258
두부강정 • 56
두부달걀국 • 259
두부동그랑땡 • 106
두부볶음밥 • 235
두부참치짜글이 • 204
들기름묵은지지짐 • 116
들깨뭇국 • 260
들깨미역국 • 261
떡갈비 • 54
떡만둣국+소고기꾸미 • 200

ㅁ

마늘볶음밥 • 236
마늘수육 • 156
마늘종무침 • 237
마파두부 • 88
만두탕수 • 68
맥적구이 • 210
메추리알장조림 • 238
명란감자솥밥 • 92
명란오일파스타 • 170
목살꽈리고추조림 • 186

목살스테이크 • 24
목살찹스테이크덮밥 • 216
무나물 • 239
묵은지닭볶음탕 • 166
묵은지(간장)비빔국수 • 240
미소된장국 • 262
미역줄기볶음 • 241

ㅂ

백순대볶음 • 66
버섯무들깨솥밥 • 146
부추달걀국 • 263
부추무침 • 242
부타동 • 168

ㅅ

새송이버섯볶음 • 243
새송이버섯전 • 244
새우마요 • 78
새우미역솥밥 • 158
새우양배추솥밥 • 48
새우완자탕 • 224
새우크림카레 • 112
소고기가지롤 • 104
소고기감자덮밥 • 196
소고기냉이솥밥 • 38

Index

소고기된장전골 • 114
소고기미역국 • 264
소고기우엉솥밥 • 188
소고기콩나물솥밥 • 164
소보로덮밥 • 28
소불고기볶음우동 • 94
소시지볶음 • 245
스테이크솥밥 • 130
시금치나물 • 246
시금치된장국 • 265
시금치새우파스타 • 32

ㅇ

애호박들깨볶음 • 247
애호박새우젓국 • 266
애호박순두붓국 • 267
애호박전 • 248
양배추부침 • 249
양배추쌈+참치쌈장 • 108
어묵볶음 • 250
어묵탕 • 268
연근조림 • 251
연두부애호박덮밥 • 134
연어솥밥 • 220
오리로스 • 194
오리주물럭 • 96
오이냉국 • 269

오이무침 • 252
오이절임 • 253
오징어미나리무침 • 26
오징어비빔국수 • 148
옥수수불고기솥밥 • 206
우삼겹숙주볶음 • 160

ㅈ

잡채 • 212
전복솥밥 • 120
제육볶음 • 132
집코바치킨 • 80
찐야채비빔밥+
소고기약고추장 • 60

ㅊ

차돌박이깻잎파스타 • 222
차돌박이된장찌개
(된장술밥) • 90
참치김치찌개 • 172
참치미역솥밥 • 198
초당옥수수솥밥 • 102
치킨난반 • 36
치킨마크니 • 142

ㅋ

콩나물국 • 270
콩나물무침 • 254
콩나물부추솥밥 • 82
콩나물불고기 • 140
크래미푸팟퐁커리 • 44

ㅍ

파개장 • 144
표고버섯볶음 • 255

ㅎ

해물짬뽕(탕) • 64
해물탕 • 208
훈제오리들깨볶음 • 100
훈제오리부추무침 • 42
훈제오리솥밥 • 218